"十四五"航空运输类专业系列教材

Operation Course of Civil Aviation Domestic Reservation System

民航国内订座系统操作教程

主编/陆 东 庞 敏
主审/于立瑾

人民交通出版社
北京

内 容 提 要

本教材以国内代理人分销系统(Computer Reservation System,CRS)和航班座位控制系统(Inventory Control System,ICS)的基本指令和基本操作为主,介绍了使用民航客票订座系统完成客票销售的相关工作内容。全书共分为六个项目,包括民航计算机订座基础知识、客票的查询、预订、出票以及退改操作,信箱(QUEUE)处理等内容,通过具体实例,使学生有效地掌握理论知识和实际技能,也方便教师组织教学。

本教材可以作为民航院校民航运输专业的教学用书,也可作为航空公司、机票代理及差旅公司的国内客票销售相关岗位从业人员的操作手册。

图书在版编目(CIP)数据

民航国内订座系统操作教程 / 陆东, 庞敏主编.
北京 : 人民交通出版社股份有限公司, 2024.11.
ISBN 978-7-114-19580-8
Ⅰ. F560.6
中国国家版本馆 CIP 数据核字第 2024274FE3 号

Minhang Guonei Dingzuo Xitong Caozuo Jiaocheng

书　　名:	民航国内订座系统操作教程
著 作 者:	陆　东　庞　敏
责任编辑:	李　娜
责任校对:	赵媛媛
责任印制:	刘高彤
出版发行:	人民交通出版社
地　　址:	(100011)北京市朝阳区安定门外外馆斜街 3 号
网　　址:	http://www.ccpcl.com.cn
销售电话:	(010)85285857
总 经 销:	人民交通出版社发行部
经　　销:	各地新华书店
印　　刷:	北京武英文博科技有限公司
开　　本:	787×1092　1/16
印　　张:	15
字　　数:	338 千
版　　次:	2024 年 11 月　第 1 版
印　　次:	2024 年 11 月　第 1 次印刷
书　　号:	ISBN 978-7-114-19580-8
定　　价:	48.00 元

(有印刷、装订质量问题的图书,由本社负责调换)

前言

随着经济的迅速发展以及人民生活水平的逐步提高，越来越多的人将乘坐飞机作为出行的主要方式。民航客票销售作为航空服务业的首要环节，直接影响着旅客的出行体验。因此，使用民航客票订座系统完成客票销售工作成为航空公司及机票代理人的重要工作。"民航国内旅客订座"课程作为民航运输专业一门极具专业特色的实践课程，重在培养学生掌握客票销售中的实际操作技能，从而为航空公司、机票代理及差旅公司等企业的客票销售相关工作岗位提供有力的人才支持。

目前，市场上现有的教材普遍存在知识陈旧、重视操作指令、内容形式单一等问题，导致学生在记忆和理解上存在明显困难，在学习过程中也感觉比较枯燥。鉴于此，编写团队充分考虑学习者的需求和实际工作的应用场景，突破原有的传统知识结构体系，以实际岗位任务为引领，从任务清单、任务引入、任务分析、任务分解、任务实施及任务评价等六个方面构建出一个有效的教学任务闭环，力求使教材实用性强、内容全面且有思想深度。

本教材的主要特色具体如下：

1. 课程思政融入。教材将思政元素与专业知识有机融合，通过精心编排的"小链接"和"实例探析"，实现了隐性育人的目标。通过"小链接"激发学生的爱国主义情怀，唤起对国家和民族的自豪感；通过具体的"实例探析"塑造学生的安全意识、服务意识、规则意识和责任意识，同时引导学生积极践行社会主义核心价值观和当代民航精神。

2. 岗位任务引领。教材以学生为中心，以民航客票销售岗位具体工作场景为依托，从三个维度精心设计项目、任务、活动，使学生更好体验到真实的业务操作过程，从而在专注完成任务的同时，更有效地掌握所需的理论知识和实际技能，提升岗位核心能力和职业素养。

3. 知识体系完整。经过深入调研，参考了行业最新资料，广泛吸取了行业经验，教材内容不仅全面涵盖了民航客票销售所需的知识，而且紧跟行业发展的最新动态。从介绍民航客票订座系统开始，逐步深入到各个环节，将客票的查询、预订、出票以及退改操作等知识点有机串联起来，构建了一个完整的知识体系，教材能够满足学习和实际岗位工作的需要，为学习者提供全面而生动的学习体验。

本教材由上海民航职业技术学院陆东、庞敏担任主编，其中陆东老师编写了项目一至项目三，庞敏老师编写了项目四至项目六，上海外航服务公司的于立瑾经理担任了本书的主审。在编写过程中，编者参阅了大量业内外的书籍，在此一并表示真诚的感谢！

由于编者水平有限，教材中难免存在不足之处，恳请广大读者在使用过程中多提宝贵意见。

编 者
2024 年 4 月

目录

项目一　了解民航计算机订座基础知识 …………………………………………… 1
　　任务一　民航计算机订座系统的认识 …………………………………………… 2
　　任务二　系统注册 ………………………………………………………………… 9
　　项目总结 …………………………………………………………………………… 16
　　项目综合练习 ……………………………………………………………………… 16

项目二　查询信息 …………………………………………………………………… 19
　　任务一　公用信息查询 …………………………………………………………… 20
　　任务二　航班信息查询 …………………………………………………………… 33
　　任务三　票价信息查询 …………………………………………………………… 41
　　项目总结 …………………………………………………………………………… 49
　　项目综合练习 ……………………………………………………………………… 50

项目三　客票预订 …………………………………………………………………… 53
　　任务一　基础 PNR 的建立 ……………………………………………………… 54
　　任务二　PNR 的操作 …………………………………………………………… 69
　　任务三　各种航程 PNR 的建立 ………………………………………………… 84
　　任务四　特殊旅客 PNR 的建立 ………………………………………………… 94
　　任务五　团体 PNR 的建立及其操作 …………………………………………… 112
　　任务六　机上座位的预订 ………………………………………………………… 123
　　项目总结 …………………………………………………………………………… 128
　　项目综合练习 ……………………………………………………………………… 129

1

项目四　国内 BSP 电子客票的出票 …………………………………… 131
　任务一　打票机控制 ……………………………………………………… 132
　任务二　客票的出票 ……………………………………………………… 144
　项目总结 …………………………………………………………………… 174
　项目综合练习 ……………………………………………………………… 175

项目五　客票的变更与退票 ……………………………………………… 177
　任务一　客票的变更 ……………………………………………………… 178
　任务二　客票的退票 ……………………………………………………… 192
　项目总结 …………………………………………………………………… 208
　项目综合练习 ……………………………………………………………… 208

项目六　信箱（QUEUE）处理 ………………………………………… 211
　任务一　信箱认识和查看 ………………………………………………… 212
　任务二　信箱处理 ………………………………………………………… 215
　项目总结 …………………………………………………………………… 225
　项目综合练习 ……………………………………………………………… 226

附录一　常见出错信息提示汇总 ………………………………………… 228

附录二　eTerm 系统指令索引 …………………………………………… 230

参考文献 …………………………………………………………………… 234

项目一

了解民航计算机订座基础知识

- 任务一 民航计算机订座系统的认识
- 任务二 系统注册

项目概述

民航计算机订座是通过计算机系统来完成对旅客在航班上座位的预留。本项目将重点介绍民航计算机订座系统的基本知识和基本操作,主要内容包括代理人分销系统(Computer Reservation System,CRS)的主要功能,代理人分销系统与航空公司航班座位控制系统(Inventory Control System,ICS)的连接方式,eTerm软件的安装与参数设置,系统的登录与退出,临时退出与恢复临时退出,密码的修改等操作。通过本项目的学习,要求掌握民航计算机订座系统的基本情况,掌握民航计算机订座系统登录、退出等相关操作,学会查看终端号PID,理解系统输出的各项信息的含义。

任务一 民航计算机订座系统的认识

任务清单

请根据任务清单完成本任务的学习。

课前预习	查询相关资料,了解中国民航信息集团有限公司(简称中国航信)
课中学习	1. 了解中国航信 CRS 的基本功能和发展历程
	2. 掌握 eTerm 软件的安装和参数设置
课后复习	1. 完成任务实施,加深对系统安装和参数设置的理解
	2. 梳理本任务所学知识,总结知识重难点,完善学习笔记

任务引入

随着经济的发展和人们生活水平的提高,旅游已经成为许多人的消遣方式,越来越多的人开始选择飞机出行。然而面对当前竞争激烈的市场环境,各家航空公司都在不断完善服务品质,不断加强信息化建设。中国南方航空公司是国内最先在官网提供完善购票服务的航空公司,旅客可以在上面查询航班信息、比较价格、选择最适合自己的航班并在线购买机票,还可在官网完成退改等业务。这不仅节省了旅客的时间,安全便捷,同时降低了航空公司的成本。但你是否曾想过在这一系列的操作中,数字化技术都做了哪些贡献?

项目一 了解民航计算机订座基础知识

任务分析

电子客票可以在互联网上被轻松地完成预订、支付、出票、值机等各环节,极大地降低了航空公司的销售成本。航空公司要想实现在官网为旅客完成一系列的票务服务,会涉及与 GDS 的交互。GDS 全称是 Global Distribution System,即全球分销系统,是基于计算机技术支持下的大规模销售网络。中间涉及的流程,主要通过接口机型交互,进行相关机票业务的操作。中国航信是国内唯一为国内航空公司、机场和国内外多家代理人提供分销系统的服务商,既提供 CRS,又提供 ICS,不仅在国内有完善的技术支持体系和分销网络,还能满足国内外航段的分销需求。

任务分解

活动一　民航计算机订座系统的认识

一、全球分销系统

全球分销系统(GDS)通过复杂的计算机系统将航空、旅游产品与代理商连接在一起,使代理商可以实时销售各类组合产品,从而使终端消费者拥有最透明的信息、最大的选择范围、最强的议价能力和最低的购买成本。1964 年,美国航空公司与 IBM 公司合作开发出能够实现座位控制和销售功能的 ICS,实现了航空公司销售部门业务处理自动化,提高了航空公司的生产效率。20 世纪 70 年代,美国各大航空公司将 ICS 推广到机票代理人,形成 CRS,使用 CRS 成为航空公司掌握销售控制权、获取竞争优势的重要手段。20 世纪 80—90 年代,CRS 从分销机票到分销酒店,从航空业延伸到旅游业,从美国扩展到全球,逐步演变成分销机票、酒店、旅游、轮船等各种旅行产品的全球性电子分销网络平台,被称为全球分销系统(GDS)。

☆ **知识拓展**

目前我国航空公司主要采用中国航信的计算机订座系统。世界上主要全球分销系统代码及名称如表 1-1 所示。

主要全球分销系统代码及名称　　　　表 1-1

代码	名称	国家或地区	代码	名称	国家或地区
1A	Amadues	欧洲	1P	Travelport Worldspan	美国
1B	Abacus	东南亚	1V	Travel Apollo	美国
1E	TravelSky	中国	1K	Topas	韩国
1S	Sabre	美国	1J	Axess	日本
1G	Travelport Galileo	欧美	1F	Infini	日本

3

二、民航计算机订座系统

中国航信建成以中国民航商务数据网络为依托,订座系统(包括 CRS 和 ICS)、旅客离港系统(Departure Control System,DCS)、货运系统三个大型主机系统为支柱的发展格局。其主机系统已发展成为中国最大的主机系统集群,担负着中国民航(包括国内所有航空公司)重要的信息处理业务。

其中,航空公司的订座系统是 ICS,售票代理人的订座系统是 CRS,它们均是中国航信的前身——中国民航计算机信息中心开发的产品。本教材主要介绍 CRS 中旅客订座及自动出票等基本操作知识。

活动二 中国航信 CRS 的认识

一、CRS 的含义及主要功能

CRS 是销售代理人据此进行航班座位及其他旅游产品预订和销售活动的计算机系统。中国航信 CRS 的主要用户为广大的客运销售代理人,其主要功能如下:

(1)中国民航航班座位分销服务;
(2)国外民航航班座位分销服务;
(3)BSP 电子客票自动出票系统服务;
(4)运价系统服务;
(5)常旅客系统服务;
(6)机上座位预订服务;
(7)各类等级的外航航班分销服务;
(8)旅馆订房等非航空旅游产品分销服务;
(9)旅游信息查询(TIM)系统服务;
(10)订座数据统计与辅助决策分析服务。

代理人应用 CRS 可以进行航班信息的查询、旅客座位的预订、出票、打印行程单等业务操作。经过技术与商务的不断发展,中国航信 CRS 能够为旅行者提供及时、准确、全面的信息服务,满足消费者旅行中包括交通、住宿、娱乐、支付及其他后续服务的全面需求。

二、中国航信 CRS(1E)

中国航信 CRS(1E)始建于 1995 年。目前,国内航空公司相当大比例的航班座位销售份额是由销售代理来完成的。这说明销售代理在销售过程中扮演了越来越重要的角色。而近十年间,计算机网络的扩大与完善正是我国 CRS 形成与建立的基础。

中国航信 CRS 形成的过程分为以下几步:第一,保留原 ICS 为航空公司专用;第二,为销售代理建立独立的 CRS;第三,原有代理自动转入 CRS,新的代理则直接加入。中国航信 CRS 与航空公司 ICS 相连接,代理人通过中国航信 CRS 预订并销售当时国内 20 多家航空公司的航班座位;中国航信 CRS 还与国外各地区著名的 CRS 连接,使代理人可以利用中国航信 CRS 直接销售国外航空公司的航班座位;中国航信还与国际航空电信协会

（SITA）的飞机票价（AIRFARE）相连，提供票价计算功能。

由于代理人在中国航信 CRS 中销售多家航空公司的航班座位，与之相对应的国际航空运输协会（IATA）标准运输凭证和开账与结算计划（BSP）解决了代理人填开客票和开账的问题，所以建立在中国航信 CRS 平台之上的 IATA-BSP 自动标准客票出票系统，不仅实现了代理人填开客票的计算机化，而且为开账结算的自动化奠定了基础。

三、中国航信 CRS 的发展历程

1986 年，中国民航旅客订座系统投入使用。

1989 年，国内航空公司的国际航班成功转移到国内系统。

1994 年，圆满地完成了 USAS2000 升档工作。

1996 年，完成了基础型 CRS 与 ICS 分离的工作，实现了外航航班直接销售。

1997 年，实现为 IATA 中国地区 BSP 中性票提供自动出票服务，初步启动国内非航空市场分销业务，如机票保险和酒店的分销，投资建设中国基础型 CRS 网上信息服务，开始按计划实施网络改造工程。

1999 年，进入全面建设中国 GDS 工程阶段。

2001 年，原中国民航计算机信息中心联合当时国内所有航空公司共同发起成立了中国民航信息网络股份有限公司（即中国航信 TravelSky）。

四、CRS 与 ICS 的连接方式

ICS 以各种不同的协议加入 CRS，协议等级见表 1-2。

协议等级　　　　　　　　　　　　　　　　　　　　　　　表 1-2

协议等级	标识
无协议级	空格
AVS 级	TY
直接存取（Direct Access）	*
直接销售级（Direct Sell）	DS
记录编号反馈	AB

中国民用航空局（简称中国民航局，英文缩写 CAAC）ICS 以 Direct Sell 中等级最高的无缝存取（Seamless）加入中国航信 CRS，这是目前世界上最先进的连接方式，使 CRS 的代理人能快速、实时、准确地与 CAAC ICS 进行对话。

活动三　eTerm 软件安装与参数设置

一、系统安装

使用中国航信 CRS 开展分销业务，必须要下载安装 eTerm 软件，并进行相关参数的配置。该软件下载地址为 http://www.eterm.com.cn。下载软件程序（图 1-1）后，双击该程序，

根据安装向导,选择适合的语言,即可完成软件的安装过程。

二、系统参数设置

安装完软件后,双击 eTerm 软件图标,出现如图 1-2 所示的对话框。

图 1-1　eTerm 操作软件示意图

图 1-2　eTerm 软件登录对话框

点击工具栏"设置"—"设置系统参数",即可看到如图 1-3 所示的参数设置对话框。

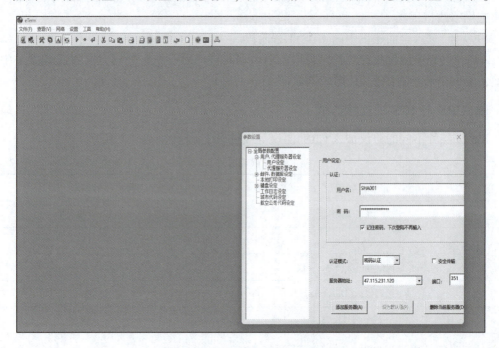

图 1-3　eTerm 参数设置对话框

在打开的对话框中根据下发的参数信息填写。eTerm 软件的认证模式有密码认证和地址认证两种。

如果选择地址认证,则需要在用户名栏和密码栏填写地址认证所对应的用户名和密码。设置好本机的 IP 地址、子网掩码和默认网关,点击"添加服务器(A)"按钮,填入服务器地址,点击"设为默认值(P)"按钮,不用勾选"安全传输"的复选框,端口为 350。

如果选择密码认证,则需要在用户名栏和密码栏填写密码认证的用户名和密码。首先点击"添加服务器(A)"按钮,填入服务器地址,点击"设为默认值(P)"按钮,勾选"安全传输"的复选框,端口进行更新,保证网络畅通。只有在设置好系统的各项参数后,本地终端才能和远程服务器连接,从而正常工作。

任务实施

下载 eTerm 软件并安装,根据老师提供的各项参数信息,对 eTerm 进行参数设置。

任务评价

请评价人员根据表 1-3 对上述任务实施情况进行评价。

任务实施评价表　　　　　　　　　表 1-3

评价标准	分值	自评(20%)	互评(20%)	师评(60%)
能熟练地找到 eTerm 软件下载地址	10			
能熟练地下载 eTerm 软件	20			
能熟练地将 eTerm 软件安装在计算机桌面	30			
能熟练地对 eTerm 软件进行参数设置	40			
合计	100			
总评				

小链接

20 世纪 80 年代,旅客必须持单位的介绍信到民航售票处购买机票。出票、盖章、贴座位号都要靠人工操作,手续烦琐、管理落后。1985 年,中国民航通过引进国外技术和设备,建立了中国民航旅客计算机服务系统。然而建立起来的系统需要在全国范围内铺设成千上万个售票终端,终端不仅需要花大量外汇从国外购买,而且要想在国内推广使用,必须要解决国内旅客汉字姓名问题。当时,全世界的机票使用的都是英文,还没有单独为一个国家设计专用语言的先例,要在原西文系统上实现汉字处理,系统供应商开出了天价。

为了解决这个卡脖子的问题,中国航信的前身——中国民航计算机信息中心做了一个大胆的决定——自主研发。在没有外国技术专家支持的情况下,中国民航计算机信息中心的技术人员通过从系统最基础的输入输出模块做起,在反复的测试中,寻找汉字编码与西文编码兼容的处理方式,不断总结规律,在黑暗中摸索前行。

终于有一天,在进行了上千次的测试和改进后,民航系统计算机的显示屏上,出现了第一个汉字——"一",简单的一个"一"字,推开了中国民航信息化的大门,中国民航计算机信息中心成功研制出了第一代拥有自主知识产权的旅客订座汉字处理系统和汉字终端产品,这块汉字终端计算机主板,是中国自主研发的成果。它的诞生,结束了传统手写机票的历史,使汉字成为全世界第一个出现在机票上的英文以外的文字。其实现了国产化设备的汉字输入和输出,造价也节省了 5 倍以上,为国家节省了巨额外汇。自 1992 年起,汉字终端产品的推出受到市场热烈欢迎,短短2年时间,投入使用超过10000台。汉字终端产品的普及和系统的更迭,引发了中国民航客票销售、自动结算、机场服务等一系列变革。1986—1995年,中国民航计算机信息中心陆续上线航班控制系统(ICS)、代理人分销系统(CRS)、旅客离港系统(DCS)等三大系统,实现了集订座、离港、分销功能为一体的民航信息服务生态闭环,仅用10年时间走完了欧美民航业三四十年的信息化发展历程。1986年,成功建立中国自有的ICS,中国航空公司(以下简称航司)挥别手工作业时代。中国民航计算机信息中心所提供的ICS是一个集中式、多航司的系统,每个航司享有自己独立的数据库、独立的用户群、独立的控制和管理方式,各种操作均可加以个性化。1988年,中国民航计算机信息中心DCS投入运行,目前全面覆盖中国内地所有机场与澳门机场。1995年,CRS上线,2022年旅游分销网络由8000余家旅行社,以及70000余台分销代理人终端组成,并与国际所有CRS连接。目前中国民航已成为全球第二大民航市场,中国航信机票分销规模居全球CRS首位。

链 接 分 析

在这段材料中,我们可以看到中国民航订座系统的发展历程及其在推动中国民航业信息化方面的重要作用。

(1)技术创新与自主研发:20世纪80年代,中国民航业面临烦琐手续和管理落后的问题,旅客订票需要持单位介绍信,操作烦琐,效率低下。1985年,通过引进国外技术和设备,中国民航建立了旅客计算机服务系统,这是一个重大的技术飞跃。然而,系统需要大量的售票终端,在国内推广使用需要解决汉字姓名问题,而且系统供应商提出天价。在面对技术壁垒和高昂的成本时,中国作出了自主研发的决策,通过技术人员的努力,不依赖外国技术专家,克服困难,最终成功研制出具有自主知识产权的汉字处理系统。这体现了中国民航在技术创新方面的决心和自主研发的勇气。

(2)价值观与责任意识:中国航信的决策和行动,反映了公司对国家民航事业的责任意识。面对困难,他们没有选择放弃或依赖外部,而是选择了自主研发,解决了系统的瓶颈问题。这体现了责任意识,即在技术领域有问题需要解决时,他们承担了国家民航发展的责任。此外,通过自主研发,节省了大量外汇,为国家节约了巨额开支,体现了珍惜国家资源的价值观。

(3)自主创新精神:在没有外国技术专家支持的情况下,我国技术人员进行了大胆的尝试和探索,从最基础的模块出发,反复测试和改进,最终成功研制了汉字处理系统。这体现了国家自主创新的精神,即在技术发展的道路上,勇于创新、敢于探索、解决问题,不仅积累了技术经验,也树立了国家自主创新的典范。

综上所述,这段材料不仅展示了中国民航订座系统的技术发展历程,还蕴含了积极的价值观和精神,如责任意识、珍惜资源、自主创新等。这个案例不仅是一项技术的胜利,更是一种思想和精神的胜利。

项目一　了解民航计算机订座基础知识

任务二 系统注册

任务清单

请根据任务清单完成本任务的学习。

课前预习	查阅资料,整理 eTerm 系统软件键盘的使用注意事项
课中学习	1. 掌握中国航信 CRS 的连接方法
	2. 掌握中国航信 CRS 的登录、退出及账号密码修改操作,培养学生安全意识,敬畏职责和严谨的工作作风
	3. 熟练查看 PID 号及识读工作区各项含义
课后复习	1. 完成任务实施,加深对 CRS 登录系统相关操作的熟练程度
	2. 梳理本任务所学知识,总结知识重难点,完善学习笔记

任务引入

客票销售人员小王在使用 eTerm 系统工作时,突然有客户来访,小王便匆忙起身去接待客户,等他再回到工位时,发现 eTerm 系统正在被同事小李使用,他之前操作的旅客订座记录中的座位也被小李取消了,于是只能再重新预订座位,但却发现原舱位没有座位,机票已经涨价,从而导致了客人的投诉,最终公司查看操作记录后发现以上都是通过小王账号进行的操作,因此将主要责任归咎于小王,对他进行了处罚。

任务分析

一般来讲,客票销售人员都会分发一个独立的 eTerm 工作账号,每一个账号都有对应的密码,通过账号密码登录订座系统进行工作。工作人员输入的每一条指令都将被系统记录。为避免账号信息被他人盗用,要注意账号信息安全,以免带来不必要的麻烦;离开工位应将工号临时退出;定期更改密码;当日工作结束时应关闭连接,退出工号,并且关闭设备电源,养成良好的工作习惯。

9

任务分解

在中国航信 CRS 中,通过以下方式输入一个有效指令:首先,要有指令开始符号(▶),一般只要进入操作界面,系统自动会生成,在 eTerm 软件上可以按 ESC 键手工生成;其次,是输入具体指令(如 DA);最后,是发送(按 XMIT 键),在 eTerm 软件上按 F12 键(或小键盘回车)即完成发送。这样,系统主机接收到指令后便会把反馈信息显示在计算机屏幕上。本教材中斜体字表示工作人员输入的指令,正体字表示系统反馈的输出内容。除下例外,本教材其他示例中 F12 键发送步骤都省略。

例:

▶$$ OPEN TIPC3 (F12)
SESSION PATH OPEN TO:TIPC3

活动一　系统连接

通过 $$ OPEN TIPC3 指令使订座机器与主机线路接通后,我们便可以进入系统,进行航班信息查询及座位销售。

指令格式:
＞$$ OPEN TIPC3

例:

＞$$ OPEN TIPC3
SESSION PATH OPEN TO:TIPC3

【说明】
出现 OPEN 表示已经进入了中国航信 CRS(1E) 系统。为了方便描述,本教材后续内容均用"＞"代替"▶"符号。

活动二　工作状态显示

通过 DA 查看是否输入工作人员工作号、机器的工作状态以及本台机器的 PID 号。
指令格式:
＞DA:

例:

＞DA:
A AVAIL
B AVAIL
C AVAIL

```
D AVAIL
E AVAIL
PID = 20200 HARDCOPY = 1112
TIME = 1815 DATE = 10OCT HOST = LILY
AIRLINE = 1E SYSTEM = CAAC05 APPLICATION = 3
```

【说明】

➤ 工作人员在日常工作中,应明确"DA"中,"PID"是一个重要的参数。当终端不能工作时,维护人员经常要问到机器的"PID"号。

➤ DA 中的其他内容,工作人员可以忽略。

活动三　工作号输入

每个工作人员都应该有自己的工作号,只有输入工作号才可以正常工作。
指令格式:
　>**SI**:工作号/密码/级别
例:工作号为 11111,密码为 123A,级别 41 的工作人员准备进入系统。

```
>SI:11111/123A/41
BJS999 SIGNED IN A
```

【说明】

反馈信息表示进入了 BJS999 售票处的该机器的 A 区。
正常进入后,用 DA 显示终端 20200 状态如下:

```
>DA:
A * 11111 26JUN 1534 41 BJS999
B AVAIL
C AVAIL
D AVAIL
E AVAIL
PID = 20200 HARDCOPY = 1016
TIME = 1606 DATE = 26JUN HOST = LILY
AIRLINE = 1E SYSTEM = CAAC05 APPLICATION =3
```

【说明】

➤ 从系统显示上可以看出,工作号 11111 已于 6 月 26 日 15 时 34 分进入系统工作。

➤ 出错信息提示:

● PROT SET　表示密码输入错误;

● USER GRP　表示级别输入错误;

● PLEASE SIGN IN FIRST　表示请先输入工作号,再进行查询。

> ✰**知识拓展**
>
> 　　除了上面介绍的显示账号密码输入方法外,为了使工号保密,提高安全性,系统还提供隐藏输入的方式。
>
> 　　**指令格式:**
> 　　＞**SI**:按输入键
>
> 　　系统光标转到最下行,在光标后,输入工作号等(如:11111/123A/41)则可进入系统。使用该方法输入账号密码,在光标后的输入内容是不显示的。这是系统为工作人员提供的系统保密措施。

活动四　工作号退出

当工作人员结束正常工作,须将工作号退出系统以防被人盗用。这项工作可用 SO 指令完成。

指令格式:

＞**SO**:

例:

```
＞SO:
BJS999 11111 SIGNED OUT A
```

表示 BJS999 工作号 11111 从 A 工作区退出(SIGNED OUT),这时再看 PID20200 状态。

```
＞DA:
A AVAIL
B AVAIL
C AVAIL
D AVAIL
E AVAIL
PID = 20200 HARDCOPY = 1016
TIME = 1803 DATE = 26JUN HOST = LILY
AIRLINE = 1E SYSTEM = CAAC05 APPLICATION = 3
```

【说明】

➢ 工作号 11111 已从 A 工作区中退出。

➢ 在退号时,若系统显示错误提示,不让退号,这表明该工作号在退号时,有其他未完成工作必须完成。

➢ 出错信息提示:

● PENDING　表示有未完成的旅客订座记录,在退号前必须完成或放弃它;

- TICKET PRINTER IN USE　表示未退出打票机的控制,退出后即可;
- QUEUE PENDING　表示未处理完信箱中的 QUEUE,可以使用 QDE 或 QNE 处理;
- PROFILE PENDING　表示未处理完常旅客的订座,可以使用 PSS:ALL 处理。

活动五　工作号临时退出

在某些情况下,若工作人员需要临时离开系统,则不需要将工作号退出来,但出于安全考虑,可以选择临时退出工作区,使用 AO 功能。

指令格式:
> AO:

例:假设工作人员 11111 已在终端 20200 上进入系统。

```
>DA:
A * 11111 26JUN 1534 41 BJS999
B AVAIL
C AVAIL
D AVAIL
E AVAIL
PID = 20200 HARDCOPY = 1016
TIME = 1606 DATE = 26JUN HOST = LILY
AIRLINE = 1E SYSTEM = CAAC05 APPLICATION = 3
```

现工作人员欲临时退出,键入:

```
>AO:
AGENT A-OUT
```

完成后,再用 DA 显示 PID 20200 状态,如下:

```
>DA:
A 11111 26JUN 1534 41 BJS999
B AVAIL
C AVAIL
D AVAIL
E AVAIL
PID =20200 HARDCOPY = 1016
TIME = 1616 DATE = 26JUN HOST = LILY
AIRLINE = 1E SYSTEM = CAAC05 APPLICATION = 3
```

【说明】
比较两者的 DA 显示,可发现在输入 AO 以后,A 工作区的活动标识 * 号没有了,这说明在输入 AO 以后，A 区已由活动区变为非活动区。这时如进行航班查询等工作，系统将显示"PLEASE SIGN IN FIRST"，意思是要求工作人员重新进入系统。

活动六　工作号临时退出后的恢复

工作人员在临时退出系统以后，需要重新进入工作时，要用恢复临时退出的系统功能，即 AI 功能。

指令格式：
>AI:工作区/工作号/保密号

例：接上例，假设 PID 20200 工作人员 11111（保密号 123A）已临时退出系统。

```
>DA：
A 11111 26JUN 1534 41 BJS999
B AVAIL
C AVAIL
D AVAIL
E AVAIL
PID = 20200   HARDCOPY = 1016
TIME = 1616   DATE = 26JUN   HOST = LILY
AIRLINE = 1E   SYSTEM = CAAC05   APPLICATION = 3
```

现工作人员欲重新进入系统，必须键入如下命令：

```
>AI:A/11111/123A
AGENT A-IN
```

【说明】
➢ 其中，A 表示工作区；11111 是工作号；123A 是保密号。
➢ 如果输入正确，系统将显示"AGENT A-IN"，表示重新注册成功。

再用 DA 观察 PID 20200。

```
>DA：
A * 11111 26JUN 1534 41 BJS999
B AVAIL
C AVAIL
D AVAIL
E AVAIL
PID = 20200   HARDCOPY = 1016
TIME = 1620   DATE = 26JUN   HOST = LILY
AIRLINE = 1E   SYSTEM = CAAC05   APPLICATION = 3
```

活动七　修改密码

每一个工作号都有密码,只有工作人员自己知道这个密码,其他人员无从得知。一般来讲,计算机系统记录了每一个工作人员输入的内容,并且是通过其工作号记录的,换句话讲,一旦操作出现问题,将追究该工作号对应的工作人员的责任。因此,应妥善保管好并定期更改工作号密码,避免工作号被他人使用。另外,第一次使用的新工作号,或被初始化后的工作号,在输入 SI 后只有改过密码才能进行其他操作。

密码由 4~6 位数字加 1 位字母组成,数字在前,字母在后,数字部分的取值范围为 1000~262142。

密码的修改方法如下:
第一步,进入系统,输入工作号(SI,使用密码);
第二步,用 AN 指令进行修改;
第三步,退出系统(SO);
第四步,新进入系统(SI,使用密码)。

指令格式:
＞**AN**:旧密码/新密码

实例操作:
假定有工作号 11111,原密码为 1234A,现欲改为 8888F。
第一步,进入系统:＞SI:11111/1234A/41;
第二步,用 AN 指令进行修改:＞AN:1234A/8888F;
第三步,退出系统:＞SO;
第四步,重新进入系统(SI,使用新密码):SI:11111/8888F/41。
可以看出,再次进入系统时,已改为新密码 8888F。

任务实施

打开 eTerm 程序,连接 CRS,根据老师要求使用工作账号登录系统,再使用临时退出 AO 和恢复临时退出 AI 指令进行操作,修改并记录新密码,最后再使用 SO 指令退出工号,注意在操作过程中工作区各信息项的含义及其变化。

任务评价

请评价人员根据表 1-4 对上述任务实施情况进行评价。

任务实施评价表 表1-4

评价标准	分值	自评(20%)	互评(20%)	师评(60%)
能熟练连接CRS,并登录系统	20			
能使用DA指令熟练查看PID号码,并识读系统登录前后工作区各信息项的变化	20			
能熟练使用AO和AI指令,并能说出工作区信息项的前后变化	20			
能熟练使用AN指令修改密码	20			
能熟练使用SO指令退出工号,并能说出使用AO和SO指令后工作区信息项的区别	20			
合计	100			
总评				

项目总结

（1）本项目主要介绍了民航计算机订座系统的基本内容,认识了中国航信CRS的基本功能和发展历程,感受信息化建设下的"中国速度"。

（2）学习了eTerm系统的安装和参数的设置,中国民航计算机订座系统是由中国航信自主研发的技术成果,深刻意识到技术创新不仅仅是企业自身发展的需要,更是国家发展的需要。

（3）学习了进入和退出工作号SI/SO,临时退出和恢复AO/AI的操作方法。只有输入工作号后系统才能正常工作。工作结束或短暂离开工位时,需要将工作号退出或临时退出,以防盗用。

（4）账号信息需妥善保管并定期更改密码,逐步培养安全意识。

项目综合练习

一、选择题

1. 可以正确进入CRS的指令是(　　)。
   A. $$ OPEN TIPC3　　B. $$ OPEN TIPB　　C. $$ OPEN TIPC　　D. $$ OPEN TIPB3
2. 临时退出系统,输入的指令是(　　)。
   A. AI　　B. SI　　C. SO　　D. AO
3. 工作结束后,完全退出系统,输入的指令是(　　)。
   A. AO　　B. SO　　C. AI　　D. SI

4. 恢复临时退出,输入的指令是(　　)。
   A. AI　　　　　　B. SI　　　　　　C. AO　　　　　　D. DA
5. 查看工作号是否已登录,输入的指令是(　　)。
   A. AI　　　　　　B. DA　　　　　　C. SI　　　　　　D. AD
6. 下列可以作为 CRS 密码的是(　　)。
   A. 123AB　　　　B. 123A　　　　　C. 12345　　　　　D. 123456A
7. 查看本台终端的终端号,输入的指令是(　　)。
   A. AD　　　　　　B. DA　　　　　　C. AO　　　　　　D. AI
8. 假如工作号为 71001,密码为 8888F,级别为 41,进入系统的正确操作是(　　)。
   A. SI:71001/8888F/41　　　　　　　B. SI:71001/41/8888F
   C. AI:71001/8888F/41　　　　　　　D. AI:71001/A/8888F/41
9. 假如 CRS 旧密码为 1234B,需要更改密码为 4567C,应输入的指令是(　　)。
   A. AN:1234B/4567C　　　　　　　　B. AN:4567C/1234B
   C. DA:1234B/4567C　　　　　　　　D. DA:4567C/1234B
10. CRS 中,工作人员的工作级别号都是(　　)。
    A. 11　　　　　　B. 21　　　　　　C. 31　　　　　　D. 41

二、判断题

1. 每台设备终端都只有一个 PID 号。　　　　　　　　　　　　　　　　　　(　　)
2. 一个售票处通常有一个部门代号(OFFICE),如 SHA999。　　　　　　　　(　　)
3. 当天工作结束后,可以不用 SO 退出系统,直接关闭计算机也能退出系统。(　　)
4. 使用 AI 恢复临时退出时,在指令中必须要输入恢复的工作区代号。　　　(　　)
5. CRS 工作号的密码是由 1~5 个数字及 1 个字母组成。　　　　　　　　　　(　　)

三、实操练习题

1. 启动 eTerm 程序后,连接 CRS。
2. 根据老师下发的 CRS 账号,登录系统,比较登录前后工作区信息的变化。
3. 临时退出系统,比较临时退出前后工作区信息的变化。
4. 恢复临时退出,比较恢复临时退出前后工作区信息的变化。
5. 退出工作号,比较临时退出和退出工作号的区别。

四、综合题

请自行下载安装 eTerm 软件安装在自己的计算机上,并根据提供的参数进行设置。在操作系统时,系统提示"PLEASE SIGN IN FIRST",该如何处理?根据老师给定的工号和密码登录系统,登录后更改密码,工作期间,需短暂离开工位片刻,该如何操作?回到工位后,又应该输入什么指令才能继续使用该系统?在工作过程中如果出现系统故障,需提供什么参数给客服人员以便解决问题?该参数从哪里获取?

项目二

查询信息

❖ 任务一 公用信息查询
❖ 任务二 航班信息查询
❖ 任务三 票价信息查询

项目概述

为了使客票销售工作更加快捷高效,民航计算机订座系统提供了丰富的查询功能。本项目将重点介绍民航计算机订座系统的公用信息查询、航空公司信息查询、城市机场信息查询、航班信息查询、运价查询和相关费用计算等操作方法。通过本项目的学习,可以帮助初学者学习业内基础知识,了解 CRS 的最新消息,同时掌握民航旅客订座中的第一个重要环节——航班基本信息的查询和航班价格的查询。

任务一 公用信息查询

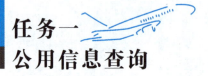

任务清单

请根据任务清单完成本任务的学习。

课前预习	熟记国内主要机场/城市三字代码,航空公司两字代码
课中学习	1. 掌握系统公用信息的查询方法
	2. 掌握机场/城市/国家/航空公司信息查询方法
课后复习	1. 完成任务实施,加深对系统公用信息和国家/城市/机场信息查询的熟练程度
	2. 梳理本任务所学知识,总结知识重难点,完善学习笔记

任务引入

旅客张先生致电客票销售处要查询 11 月 5 日上海到巴库(BAKU)的客票信息,客票销售人员小王由于在日常工作中很少处理到巴库的客票,在进行航班信息查询时怎么也想不起来它的三字代码,他急得满头大汗,于是通过网站去查找,但花了很长时间才找到正确的三字代码,这让电话中的张先生强烈不满。

任务分析

在日常工作中,客票销售人员在为旅客预订客票时经常会使用各种代码,如城市、机场、航空公司代码,对于一些相对冷门的代码可能会不知道或者忘记了,这时可以直接在订座系统中通过指令来查询,准确且高效。此外,系统还提供了其他公用信息的查询服务,包括航空公司的静态信息、时间和日期等信息,这些查询功能为客票预订工作提供了支持。

任务分解

活动一 系统静态信息的查询

一、进入系统公告牌

为方便广大代理人使用,系统提供了公用信息查询系统,随着系统的发展,该功能正进一步完善。公用信息体系包括:

> 进入系统公告牌。
> 公用静态数据信息。
> 功能帮助系统。
> 城市/机场信息查询。
> 旅游信息查询系统。
> 其他信息功能。

例:进入系统公告牌。

>SI:11111/123A/41
BJS999 SIGNED IN A
- - - - - - 重 要 通 知 - - - - - - - - - -
1.中国航信将与国际航空运输协会合作举办 BSP 中性票培训,具体安排详见 ＞YI:SNOTICE/20。
2.各 BSP 自动客票销售代理人:
为适应中国 BSP 自动客票日益普及的形势,中国航信将向航空运输协会中国 BSP 送交报告磁带次数由每月四次增加为每月八次。具体时间为每月的 1、5、9、3、16、20、24、27 日。PVT 指令(作废一个报告周期内的 BSP 客票)的有效使用时间,也将由于报告期间隔的缩短而相应缩短。

【说明】
中国航信根据航空公司或有关部门的要求,将公告内容输入系统;若内容过多不便显示,将会把详细内容输入 YI 文件中,客票销售人员可利用 YI 功能查询详细内容,如上例中的"＞YI:SNOTICE/20"。

二、查询公告信息

在输入 SI 指令进入系统后,首先会出现系统公告信息,如果在工作中想重新查看,不需要退出重新进入,可以通过输入 SIIF 指令查看。

指令格式：
>**SIIF**：

例：

>SIIF：
* *
*99TAX 程序上线通知 YI:TRAVEL/TZ533
*关于禁止使用非法软件盗取国际运价数据的通知 2009.6.15
YI:TRAVEL/TZ509
*南航 BSP 培训通知 YI:CZ/TZ695
*<天津地区代理人签署中国航信代理人计算机分销系统服务协议
的通知> YI:TRAINING/TZ51
*关于"中国航信与民航管理干部学院联合举办代理人系列培训班"
的通知,具体内容详见：YI:PEKTRAIN/200911
*<中国航信天津分公司中国 BSP 教程培训通知> YI:TRAINING/TZ52
*河北航信空港网络有限公司中国 BSP 教程培训通知
YI:TRAINING/TZ54 +

【说明】
输入 SIIF 指令后输出的内容与输入 SI 指令进入系统时看到的公告内容一致。

三、查询公用静态数据信息

公用静态数据信息的查询是指将大量静态数据,如航空公司电话等,由维护人员存入 YI 静态数据文件,然后工作人员用 YI 功能调用查询的过程。CRS 将大量有关信息存储在不同标题的公告系统中,利用 YI 功能可以分类查阅。

例如通过查询可以显示所有静态信息的目录。

指令格式：
>**YI**：

例：

>YI：
YI:GENERAL INFORMATION INDEX PH：
1. MHOTEL   2. SHOTEL/CITY
3. HOTEL/！/9999   4. MAIRFARE
5. SAIRFARE/AIRLINE   6. MAIRAGRE
7. SAIRAGRE/AIRLINE   8. MITPHON
9. SITPHON/CITY   10. MAIRPHON
11. SAIRPHON/AIRLINE   12. MCAAC

13. SCAAC/AREA	14. MAPTPHON
15. SAPTPHON/AREA	16. MCITY
17. SCITY/COUNTRY	18. SITAFARE/INFO
19. MTKTINFO	20. CA/INFO
21. CZ/INFO	22. MU/INFO +

【说明】
➢ 在上面显示内容中，每一项都是一个标题，如 MHOTEL，可以直接通过 YI：MHOTEL 查询。
➢ 标题中有"/"连接符，如 SHOTEL/CITY，说明该标题拥有副标题。

活动二 机场/城市/国家/航空公司信息的查询

工作人员在实际工作中经常要用到各种代码。在 CRS 中，有关机场/城市/国家/航空公司的信息查询可以用有关的 CNTZ/CD 功能来实现，它可以为用户提供有关城市/机场三字代码、国家及航空公司代码等有关静态信息。

一、查询某城市/ 机场三字代码

指令格式：
＞CNTZ：T/城市名
例：查询上海三字代码。

＞CNTZ：T/SHANGHAI
SHA SHANGHAI CN

【说明】
➢ 城市名不能使用汉字，可以用英文或者拼音。
➢ SHA 为三字代码；SHANGHAI 为上海的拼音；CN 为中国两字代码。

二、根据城市名前几个字母查询三字代码

指令格式：
＞CNTZ：A/城市名前几个字母
例：查询所有以 BEI 开始的城市代码。

＞CNTZ：A/BEI（注：BEIJING 的前三个字母）
BEY BEIRUT LB
BHY BEIHAI CN
LAQ BEIDA LY
……

三、根据三字代码查询城市

指令格式：

＞CD:三字代码

例：查询SHA是哪个城市。

＞CD:SHA
SHA/SHANGHAI,CN

四、根据国家全称查询国家两字代码

指令格式：

＞CNTZ:N/国家名称

例：查询中国两字代码。

＞CNTZ:N/CHINA
CN CHINA 中国

五、根据国家两字代码查询国家名称

指令格式：

＞CNTZ:C/国家两字代码

例：查询US是哪个国家。

＞CNTZ:C/US
US UNITED STATE 美国

六、根据航空公司两字代码查询航空公司名称

指令格式：

＞CNTZ:D/航空公司两字代码

例：查询LH是哪家公司。

＞CNTZ:D/LH
LH LUFTHANSA 德国汉莎航空公司

七、根据航空公司名称查询航空公司代码

指令格式：

＞CNTZ:M/航空公司名称

例：查询AIR CHINA的两字代码。

＞CNTZ:M/AIR CHINA
CA AIR CHINA 中国国际航空公司

【说明】

根据航空公司名称查代码、名称。若输入不完整,系统将列出包含该字符的航空公司。

八、根据省或州代码查询对应省名或州名

指令格式：

> CNTZ:S/省或州代码

例：查询 FL 是哪个省或者州。

> CNTZ:S/FL
FL ,FLORIDA   TLH   US/USA

九、根据省名或州名查询对应省或州代码

指令格式：

> CNTZ:O/省名或州名

例：查询 ALABAMA 的两字代码。

> CNTZ:O/ALABAMA
AL ,ALABAMA   MGM   US/USA

在日常工作中,经常会遇到代码的查询,工作人员要记住一些常用的代码。系统中的帮助指令也非常方便,即 > HELP CNTZ。

实例探析

案 例 情 景

旅客王先生临时决定前往上海参加一场重要的商务会议。他致电客票销售处,希望购买一张当天从北京首都机场(PEK)到上海虹桥机场(SHA)的机票。接待他的是销售处工作人员张丽,她迅速在系统中查询了相关航班信息。然而在操作过程中,张丽凭着模糊的印象将上海虹桥机场的三字代码输入为"SHE",导致出票错误。旅客王先生匆忙赶到机场值机柜台准备值机时,工作人员却告知他机票上的行程不正确,他感到非常惊讶和困惑,并立即与客票销售处工作人员张丽联系,最终由客票销售处重新出了一张正确行程的机票,王先生才得以按计划前往上海参加商务会议。对于王先生来说,也经历了一段糟糕的服务体验。

案 例 分 析

这个案例强调了在客票操作过程中的准确性至关重要。在这个案例中,因为工作人员不仅业务不熟练,混淆了两个不同目的地机场的三字代码,而且工作人员也没有利用系统

进行查询确认,而是贸然进行了操作,导致了客票行程错误,从而给旅客带来了一段不愉快的经历。

　　这个案例提醒我们,工作中切忌粗心大意,必须要养成严谨的工作作风,特别是在涉及重要信息和业务操作的时候,一个小错误可能导致严重的工作后果,影响客户体验和公司声誉。在为旅客提供服务时,高度的准确性和专业性是不可或缺的。为了避免类似的错误,工作人员应该熟悉业务细节,确保在处理客票等重要信息时不会出现疏漏;在录入、处理或操作客票等过程中,务必仔细核对所输入的信息,确保准确无误;必要时应充分利用系统提供的查询功能,以确保信息的准确性。只有通过持续的努力,保持较高的专业性,才能在服务中赢得客户的满意和信任。

活动三　系统其他公用信息的查询

一、帮助指令信息

　　鉴于 CRS 指令功能较多,系统提供了一个指令功能帮助工作人员日常查询使用。如果不知道具体的指令怎么查询,可以使用"HELP:A"查看系统中所有指令的列表,并可以从中找到所需要的具体指令。中国航信定期更新 HELP 指令的内容,推动客户自助查询,优化自助服务,减少指令咨询,提高工作人员日常工作效率和质量。

　　指令格式:
　　＞**HELP**:功能指令
　　例:查询 DA 指令的使用方法。

```
＞HELP:DA
＊＊＊如何使用指令 ---＞ DA ＊＊＊
DA 指令用来显示某终端上的各工作区的使用情况。
格式:＞DA:PID
 ＞DA:
注:PID 为终端的 PID 号,缺省时意指本终端。
例: ＞DA:1013
```

　　例:查询 AV 指令使用方法。

```
＞HELP:AV
＊＊＊如何使用指令 ---＞ AV ＊＊＊
显示座位可利用情况。
格式1:提供城市对
例 AV:PEKJFK 10DEC/1100/CA/C1
```

格式 2：指定经停站

例 AV：PEKJFK/10DEC/1100/5/MU/ORD45

格式 3：提供航班号

例 AV：CA981/PEKSHA/5

格式 4：全部座位等级座位情况显示

例 AV：C/2

【说明】

功能指令查询系统能有效地帮助工作人员了解系统功能的使用方法。

二、日期查询

指令格式：

＞DATE：日期/天数/……/天数

【格式说明】

➢ 日期：指定基础日期，若省略则为当前日期；

➢ 天数：指定所查天数，负数加"－"，查多个用"/"分开，最多查 10 个日期，若省略"/"，则系统默认，查 1/5/10/15/20/25/30 天后的日期。

例：

＞DATE：/6/40/－1

＞DATE：/6/40/－1

－1 13AUG19 THU

＋0 14AUG19 FRI

＋6 20AUG19 THU

＋40 23SEP19 WED

【说明】

查看指定日期(当天)前一天、6 天后以及 40 天后的日期。

➢ －1：前一天的日期与星期；

➢ ＋0：当前日期与星期；

➢ ＋6：6 天后的日期与星期；

➢ ＋40：40 天后的日期与星期。

三、时间查询

指令格式：

＞TIME：城市

【格式说明】

城市：查询指定城市时间，若省略，则为查本单位所在城市。

例:

> TIME:
1. > TIME:
2. PEK
3. TIME DIFF 0.0
4. 12HR LOCAL 05:16P
5. 24HR LOCAL 1716
6. DATE 14AUG
7. UTC(GMT) 0916
8. UTC +/- 8.0

【说明】

- 1 行:查看当前城市时间;
- 2 行:操作单位所在城市;
- 3 行:本城市,时间差为0.0;
- 4 行:12HR LOCAL 表示 12 小时制本地时间;05:16 表示当前时间;P 表示下午;
- 5 行:24HR LOCAL 表示 24 小时制本地时间;1716 表示当前时间;
- 6 行:当前日期;
- 7 行:格林尼治时间(GMT);
- 8 行:与格林尼治时间差。

指令格式:

> TIME:城市1/城市2

例:

> TIME:PEK/LAX
1. > TIME:PEK/LAX
2. PEK LAX
3. TIME DIFF 0.0 -16.0
4. 12HR LOCAL 05:32P 01:32A
5. 24HR LOCAL 1732 0132
6. DATE 14AUG 14AUG
7. UTC (GMT) 0932 0932
8. UTC +/- 8.0 -8.0

【说明】

- 1 行:PEK/LAX 表示指定本地城市为 PEK,对比城市为 LAX;
- 2 行:PEK LAX 标明城市列;
- 3 行:与指定的本地城市时间差;

- 4 行:12 小时制城市当地时间;
- 5 行:24 小时制城市当地时间;
- 6 行:城市当前日期;
- 7 行:格林尼治时间;
- 8 行:与格林尼治时间差。

四、计算与单位转换

1. 四则运算

指令格式:

＞CO:四则运算表达式

例:

＞CO:100/6
＝16.67

2. 时差计算

指令格式1:

＞CO:T/城市对　用于计算两城市间的时差。

例:查询 PEK 与 NYC 的时差。

＞CO:T/PEKNYC
PEK:10OCT98 1613 NYC:10OCT98 0313
GMT:10OCT98 0813 TIM DIF:13

【说明】
- 北京时间 10OCT98 16:13;
- 纽约时间 10OCT98 03:13;
- 格林威治时间 10OCT98 08:13;
- 北京与纽约时差为 13h,即北京比纽约早 13h。

指令格式2:

＞CO:T/城市代码/日期/ 时间　用于显示某城市时间的 GMT 标准时间。

例:查询北京 1999 年 1 月 1 日零时的 GMT 标准时间。

＞CO:T/PEK/1JAN99/0000
PEK:01JAN99 0000
GMT:31DEC98 1600

【说明】

即北京时间 1999 年 1 月 1 日零时是 GMT 标准时间 1998 年 12 月 31 日 16 时。

3. 公里、英里换算

(1)公里换算为英里

指令格式：

>**CV:数量 KM**

(2)英里换算为公里

指令格式：

>**CV:数量 MI**

例：

> *CV:100KM*
KILOMETERS MILES
100   62

【说明】

100 公里换算为 62 英里。

例：

> *CV:100MI*
MILES KILOMETERS
100   161

【说明】

100 英里换算为 161 公里。

4. 摄氏度与华氏度换算

(1)摄氏度 C 换算为华氏度 F

指令格式：

>**CV:数量 C**

(2)华氏度 F 换算为摄氏度 C

指令格式：

>**CV:数量 F**

例：

> *CV:100C*
CELSIUS FAHRENHEIT
100   212.0

【说明】

100 摄氏度换算为 212.0 华氏度。

例：

```
>CV:100F
FAHRENHEIT  CELSIUS
110      43.3
```

【说明】

100 华氏度换算为 43.3 摄氏度。

五、操作翻页

在民航计算机订座系统使用过程中,不可避免地会出现显示内容多于一页的情况。因此,民航计算机订座系统提供了显示当前页、前页、下页、最前页、最后页等的对应功能。

在 CRS 中,某个功能的显示内容多于一页,可以用以下指令进行内容显示:

➢ PN   下页 PAGE NEXT；
➢ PB   前页 PAGE BACK；
➢ PF   最前页 PAGE FIRST；
➢ PL   最后页 PAGE LAST；
➢ PG   重新显示当前页 PAGE。

指令格式 1:

＞PN:(或 PB:、PF:、PL:、PG:)

指令格式 2   全屏显示

＞PN:1(PB:1、PF:1、PL:1、PG:1)

任务实施

分小组进行不同角色(旅客和工作人员)的扮演,按照旅客提出的要求,工作人员完成以下查询服务。

(1)完成表 2-1 中代码与全称的查询。

任务实施评价表   表 2-1

城市名称	城市三字代码	城市三字代码	城市名称
长沙		FOC	
桂林		CKG	
太原		HGH	
天津		NDG	
汕头		WNZ	
湛江		LYG	

续上表

国家名称	国家两字代码	国家两字代码	国家名称
China		AU	
Thailand		JP	
Vietnam		US	
Germany		DK	

(2)查询上海和纽约的时差。

(3)查询上海2月23日下午3时,洛杉矶、东京、悉尼的时间。

(4)查询当前日期的前10天和后15天的日期。

(5)查询当前上海的时间。

(6)旅客购买一张票价有效期为45天的国际客票,旅行开始之日为2月23日,客票应在什么日期前使用?

(7)团体机票价格 SHA-PEK 1020.00元/人,PEK-SHA 1320.00元/人,CN 50.00元/段,YQ 30.00元/段,20人团体一共支付多少钱?

任务评价

请评价人员根据表2-2对上述任务实施情况进行评价。

任务实施评价表　　　　　　　表2-2

评价标准	分值	自评(20%)	互评(20%)	师评(60%)
能熟练地使用系统查询指令	25			
能正确地识读系统显示结果	25			
能使用礼貌用语,回复旅客的查询信息	20			
小组合作良好,分工明确	15			
能认真点评其他小组的情景模拟,并提出解决方案	15			
合计	100			
总评				

任务二
航班信息查询

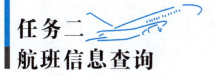

任务清单

请根据任务清单完成本任务的学习。

课前预习	通过查询，整理任意国内航空公司在国内任意航线（如上海至成都）最近一周的航班班次、直飞和转机航班时刻、航站楼等信息，初步了解该航空公司在这一航线的运营情况
课中学习	1. 掌握航班可利用座位的查询方法
	2. 掌握航班时刻信息的查询方法
	3. 掌握航班经停信息的查询方法
	4. 掌握航班飞行信息的查询方法
	5. 掌握候机楼信息的查询方法
课后复习	1. 完成任务实施，深化对航班信息查询知识的掌握和应用
	2. 梳理本任务所学知识，总结知识重难点，完善学习笔记

任务引入

在日常工作中，工作人员会遇到旅客的各种诉求，比如有的旅客会询问航班的座位可利用情况，有的旅客要查询某航班的周期，还有的旅客要了解航班是否有经停点，等等。现在有一名旅客张伟五一期间准备出去游玩，想要查询 5 月 1 日从上海到北京的航班信息，再决定选择预订哪个航班的机票。作为工作人员，该如何操作？

任务分析

航班信息的查询包括查询航班座位可利用情况，航班是直达还是中转航班，航班的起飞降落时间、飞行时间等，对于双机场城市，还需要注意航班的起飞和到达机场。这些信息均可以利用民航计算机订座系统进行查询（图 2-1）。

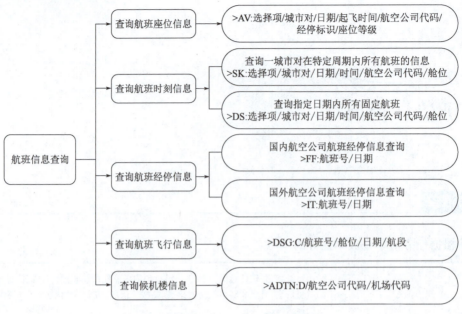

图2-1　民航计算机订座系统查询流程图

任务分解

活动一　航班座位信息的查询

查询航班座位可利用情况，及其相关航班信息，如航班号、舱位、起飞到达时间、经停点等，一般使用 AV 指令，因此 AV 是一个非常重要的指令。

指令格式：

＞**AV**:选择项/城市对/日期/起飞时间/ 航空公司代码/ 经停标识/座位等级

【格式说明】

➢ 选择项有以下几种：

● P 显示结果按照起飞时间先后顺序排列，同时显示有座位舱位的最低票价及将有座位舱位从低到高排序；

● A 显示结果按照到达时间先后顺序排列；

● E 显示结果按照飞行时间由短到长排列；

● H 显示所有舱位座位利用情况；

● M 显示代码共享航班销售承运人航班；

● O 显示代码共享航班实际承运人航班；

● S/T/W 显示 S 星空联盟、T 天合联盟、W 寰宇一家航班；

● 不选，自动按航班起飞顺序排序。

查询航班座位可利用情况时，通常使用 AVH 指令，可以直接显示每个航班的全部子舱位。

➢ 城市对为必选项，其余为可选项。

下面以具体的实例说明 AV 指令的输入和输出：
- 指定日期的航班信息查询。

例：AV:P/PEKSHA/10OCT；例：AV:PEKSHA。
- 指定日期及航空公司的航班信息查询。

例：AV:PEKCAN/15OCT/CA。
- 指定日期的某一时间之后的航班信息查询。

例：AV:SHACTU/10DEC/1100。
- 指定日期的某一时间之后某航空公司的航班信息查询。

例：AV:SHACTU/10DEC/1100/SZ。
- 指定日期及到达机场的航班信息查询。

例：AV:PEKPVG/11DEC。
- 在已有 AV 显示的前提下显示回程航班座位情况。

例：AV:RA/21DEC。
- 显示航班上所有舱位座位情况。

例：AV:H/SHAPEK/1DEC。
- 显示直达航班座位情况。

例：AV:SHAPEK+/D。
- 显示无经停点的航班。

例：AV:SHAPEK/N。
- 显示 10OCT 的 PEK 到 SHA 航班座位可利用情况（图 2-2）。

例：AV:PEKSHA/10OCT。

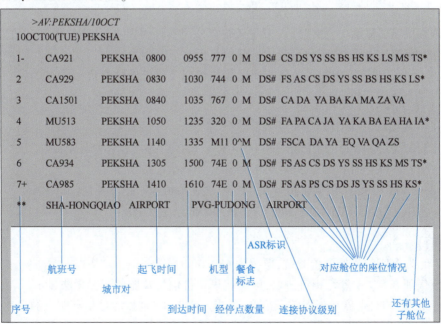

图 2-2 显示 10OCT 的 PEK 到 SHA 航班座位可利用情况

【说明】

➢ 显示中的 DS# 为该航空公司与 CRS 之间的协议级别，不同的协议级别，获取座位的方式不同。

➢ DS#是最高的协议级别。若显示 AS#，则表示该航班做过时间变更。

➢ ASR 标识"^"表示该航班提供机上座位直接预订功能。

➢ FCYSBHKLMQT 为舱位等级。

➢ 对应等级的座位可利用情况代号，有以下几种含义：

- A 可以提供 9 个以上座位；
- 1-9 可以提供 1~9 个座位，这种情况下系统显示具体的可利用座位数；
- L 没有可利用座位，但旅客可以候补；
- R 申请状态，没有可利用座位，但可以申请（HN）；
- Q 永久申请状态，没有可利用座位，但可以申请（HN）；
- S 因达到限制销售数而没有可利用座位，但可以候补；
- C 该等级彻底关闭，不允许候补或申请；
- X 该等级取消，不允许候补或申请；
- Z 座位可利用情况不明，这种情况有可能在外航航班上出现。

➢ 航班最后若有"＊"，表示还有其他子舱位未显示完全，若要继续查询，可以使用以下指令：

- ＞AV:C/航班序号；
- ＞AV:MU513/10OCT；
- ＞AV:H/PEKSHA/10OCT（显示 10 月 10 日北京至上海航班的全部舱位座位利用情况）。

➢ 现在的 AV 显示中，如代理人未与某航空公司签订销售协议，则只能查询该航空公司航班号与时间等基本信息，座位可利用情况信息无法显示出来。

例：显示今日北京到上海的航班有座位舱位情况及最低舱位票价。

```
＞AV:P/PEKSHA
01DEC（WED） PEKSHA
1-MU5102 PEKSHA 1320 1535 340 0^ M E V:680 VA SA RA NA LA KA ＊
2   CA1857 PEKSHA 1800 2000 789 0^ M E NO PRICE
3 + MU5104 PEKSHA 1900 2055 320 0^ M E V:680 VA SA RA NA LA KA ＊
 ＊ ＊ SHA-HONGQIAO AIRPORT PVG-PUDONG AIRPORT
```

【说明】

➢ V 舱为有座位最低票价舱位，票价为 680.00 元。

➢ 该代理未与 CA 签订销售协议，国航航班票价信息及舱位情况无法显示。

➢ 若不加日期，则显示当天航班信息；若当天无航班，则显示最早有航班的日期的数据，这时应注意输出显示中的日期；" + "表示明天。

例：显示 15OCT 北京到广州的国航航班的座位可利用情况。

> AV:PEKCAN/15OCT/CA
15OCT00(SUN) PEKCAN VIA CA
1- CA1321 PEKCAN 0915 1205 763 0 M DS# FA AA DA YA BA KA MA ZA VA
2 + CA1301 PEKCAN 1450 1745 767 0 M DS# CA DA YA BA KA MA ZA VA

活动二　航班时刻信息的查询

一、特定周期内航班信息查询

通过 SK 指令可以查询一城市对在特定周期内所有航班的信息，包括航班号、出发到达时间、舱位、机型、周期和有效期限。

指令格式：
SK：选择项/城市对/日期/时间/航空公司代码/舱位

【格式说明】
- SK 指令所显示出的航班信息的时间段为指定时间和前后三天共一周的时间。
- 选择项有以下几种：
  - P　显示结果按照起飞时间先后顺序排列；
  - A　显示结果按照到达时间先后顺序排列；
  - E　显示结果按照飞行时间由短到长排列；
  - 不选，默认为 P。
- 城市对为必选项，其余为可选项。

例：查询 15OCT 前后三天北京到南宁的航班时刻。

> SK:PEKNNG/15OCT
12OCT(MON)/18OCT(SUN) PEKNNG
1. CA1515 PEKNNG 1325 1635 737 0 M E X5 07SEP24OCT FYBHKLMNTV
2. HU157 PEKNNG 1325 1635 737 0 M 5 18SEP23OCT YBHKLMNTV
3. ZH860 PEKNNG 1540 1900 733 0 M 2 06OCT20OCT YNMKHG
4. CZ361 PEKNNG 1550 1900 733 0 M 14 21SEP YKMGZ
5. + ZH852 PEKNNG 1630 1930 733 0 M 7 04OCT18OCT YNMKH

【说明】
- SK 输出的第一行是所查询的时间范围，如上显示的 12OCT/18OCT 表示接下来的航班都是在 12OCT 至 18OCT 之间执行的航班。
- 从第二行开始的航班显示包括航班号、城市对、出发时间、到达时间、经停点数量、餐食标志、班期、有效日期、座位等级。
- 以第一条航班信息为例，航班号是 CA1515，城市对为 PEKNNG，起降时间分别是 1325 和 1635，机型是 737，0 表示该航班没有经停站，M 是餐食标识，X5 表示除星期五以外每天都有该航班,07SEP24OCT 是该航班执行的周期,即从 7SEP 到 24OCT 这段时间除周五以外该航班都按这一条的内容执行。

二、指定日期航班信息查询

DS 指令用于显示指定日期内所有固定航班情况,其格式与 SK 指令完全相同。

指令格式:

DS:选择项/城市对/日期/时间/航空公司代码/舱位

【格式说明】

➢ 选择项有以下几种:
- P 显示结果按照起飞时间先后顺序排列;
- A 显示结果按照到达时间先后顺序排列;
- E 显示结果按照飞行时间由短到长排列;
- 不选,默认为 P。

➢ 城市对为必选项,其余为可选项。

下面以具体的实例说明 DS 指令的输入和输出。

例:查询 15OCT 从北京到长沙的航班。

> DS:PEKCSX/15OCT
15OCT(THU) PEKCSX
1- HU117 PEKCSX 08451035 733 0 M DS# FYBHKLMNTV
2 CZ3124 PEKCSX 1125 1330 735 0 M DS# YWKHM
3 CZ3142 PEKCSX 1515 1715 735 0 M DS# YWKHM
4 + CA4734 PEKCSX 1530 1750 737 0 DS# YDKHB

【说明】

显示的信息依次是:序号/航班号/起降机场/起降时间/机型/经停标识/餐食标志/协议级别/座位等级。

活动三 航班经停信息的查询

一、国内航空公司航班经停信息查询

使用指令 FF 查询国内航班的经停城市、起降时间和机型。

指令格式:

> FF:航班号/日期

例:查询 9OCT 的 CA929 航班。

> FF:CA929/9OCT
PEK 0830 74E
SHA 1020 1135
NRT 1520

【说明】

依次显示为：

起飞机场/起飞时间/机型。

经停机场/经停时间。

降落机场/降落时间。

二、国外航空公司航班经停信息查询

我们已经知道了指令 FF 可以查看航班情况，但对于国外航空公司来说需要通过指令 IT 查看。

指令格式：

＞IT:航班号/日期

例：

> ＞IT:AA5790/1SEP
> 1. ＞IT:AA5790/1SEP   *   OFFLINE FLIGHT ITINERARY   *
> 2. LAX   1330   340
> 3. PVG 1830 +1   2140 +1   340   14:00 FLYING TIME
> 4. PEK 2355   +1   2:15   FLYING TIME

【说明】

- ➢ 1 行:重复显示指令,显示的是定期航线情况；
- ➢ 2 行:第一出港地,起飞时间,机型；
- ➢ 3 行:第二出港地,到达时间,日期加一天,起飞时间,日期加一天,机型,飞行时间；
- ➢ 4 行:目的地,到达时间,日期加一天,飞行时间。

活动四　航班飞行信息的查询

通过 DSG 查看除座位可利用情况外的其他数据,如航班的起飞降落城市、起飞降落时间、航班的空中飞行时间、航班的空中飞行距离、经停点数量、航班机型、餐食等。

指令格式：

＞DSG:C/航班号/舱位/日期/航段

【格式说明】

- ➢ C:完整显示,省略为简略显示。
- ➢ 航段可省。

例：

> ＞DSG:C/CA984/1SEP
> 1. CA984（TUE)01SEP   LAX   0140   747   BCO   1   0
> 2. 0520 +1 PEK (120) 0720 +1   321
> 3. 0930 +1 PVG   ELAPSED TIME 15:50 DIST 0M

【说明】
➢ 1行：航班号CA984，日期(TUE)01SEP，出港地LAX，起飞时间0140，机型747；
➢ 2行：到达北京时间，日期加一天，即次日0520，0720起飞，机型321；
➢ 3行：到达上海时间，日期加一天，即次日0930，飞行时间15:50。

活动五　候机楼信息的查询

通过ADTN指令查询某航空公司在指定机场停靠的候机楼情况。
指令格式：
＞ADTN:D/航空公司代码/机场代码
例：

＞ADTN:D/MU/PEK
1. MU/PEK/T-T2,T2
2. MU/PEK/F-8714,8715,0,/T-T3,T3
3. MU/PEK/F-8720,8721,0,/T-T3,T3

【说明】
➢ 1行：MU东方航空公司，北京首都机场，在T2航站楼；
➢ 2行：MU东方航空公司，北京首都机场，航班8714-5，在T3航站楼；
➢ 3行：MU东方航空公司，北京首都机场，航班8720-1，在T3航站楼。

任务实施

分小组进行不同角色(旅客和工作人员)的扮演，按照旅客提出的要求，工作人员完成以下查询服务：
(1)查询3月1日CA1858航班的所有舱位信息；
(2)查询上海—青岛最早有5个经济舱座位的航班信息。
(3)查询5月1日上海—乌鲁木齐的直达航班信息。
(4)查询北京—哈尔滨7月12日最早有座位的航班信息。
(5)查询北京—重庆8月10日国航最早有座位的航班信息。
(6)查询上海—成都8月15日中午12时后的第一个中国国际航空公司的航班信息。
(7)查询北京—丽江10月10日没有经停的航班信息。
(8)查询北京—南昌9月12日15时后第一个中国东方航空公司航班信息。
(9)查询11月10日杭州—厦门无经停航班信息。
(10)查询北京—南昌班期时刻表6月10日前后三天内每天都飞的航班信息。
(11)查询5月1日MU5105航班的经停信息。

任务评价

请评价人员根据表2-3对上述任务实施情况进行评价。

任务实施评价表　　　　　　　　　　　　表2-3

评价标准	分值	自评(20%)	互评(20%)	师评(60%)
能熟练地使用系统查询指令	25			
能正确地识读系统显示结果	25			
能使用礼貌用语,回复旅客的查询信息	20			
小组合作良好,分工明确	20			
能认真点评其他小组的情景模拟,并提出解决方案	10			
合计	100			
总评				

任务三
票价信息查询

任务清单

请根据任务清单完成本任务学习。

课前预习	任选一家航空公司,通过该航空公司官网,整理最近一周杭州—厦门直达航班经济舱全价和折扣价格表,并对比其客票的退改签等使用细则
课中学习	1. 掌握国内公布运价的查询方法 2. 掌握查看票价使用规则的方法 3. 掌握查询国内航空公司净价的方法
课后复习	1. 完成任务实施,分析公布运价和促销运价的主要区别,反映出哪些市场问题 2. 梳理本任务所学知识,总结知识重难点,完善学习笔记

任务引入

民航旅客按照旅行目的可分为商务旅客和休闲旅客两种类型,商务旅客对航班的时间要求更高,休闲旅客则对机票的价格更敏感。现在有一名休闲旅客张伟计划5月1日从北京到昆明,要查询当天最便宜的机票价格。客票销售人员将如何按照旅客要求进行机票价格的查询和沟通呢?

任务分析

机票价格主要取决于市场的供求关系,需求量大的时候价格上涨,需求量小的时候价格下调。同时机票价格与时间密不可分,不同时间,运价也可能不同。航空公司为了提高航线座位的客座率,除了公布运价外,还会推出不同程度的折扣票价。不同运价的机票有不同的使用限制条件,通常价格越低,退改签规则越严格。客票销售人员在为旅客进行票价查询时,除了告知机票价格,还应同步告知机票使用限制条件,方便旅客进行选择。图2-3所示为民航票价信息查询框图。

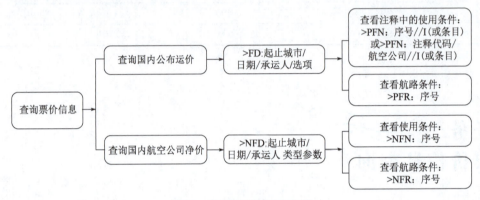

图 2-3　民航票价信息查询框图

任务分解

活动一　国内公布运价查询

目前航空公司的公布运价是明折明扣统一标准的,但航空公司对子等级的定义不同,如果想了解公布价格可以通过 FD 指令来查看。

一、查看公布运价

指令格式:

＞FD:起止城市/日期/承运人/选项

【格式说明】

➢ 日期:默认为当日,可查已过期的历史数据,也可以使用"＋、－、."表示明天、昨天、今天。

➢ 选项:S,由低到高显示价格。

例:查询北京到昆明,9月1日的票价。

```
>FD:PEKKMG/01SEP
1.FD:PEKKMG/01SEP09/ /CNY /TPM 2266/
2.01 3U/F / 2720.00 = 5440.00/F/F/ / . /01JUL09 /8766
3.02 3U/A / 2350.00 = 4700.00/A/F/ / . /01JUL09 /8766
4.03 3U/C / 2350.00 = 4700.00/C/C/ / . /01JUL09 /8766
5.04 3U/J / 2170.00 = 4340.00/J/C/ / . /01JUL09 /8766
6.05 3U/Y / 1810.00 = 3620.00/Y/Y/ / . /01JUL09 /8766
7.06 3U/T / 1670.00 = 3340.00/T/Y/ / . /01JUL09 /8766
8.07 3U/H / 1520.00 = 3040.00/H/Y/ / . /01JUL09 /8766
9.08 3U/M / 1450.00 = 2900.00/M/Y/ / . /01JUL09 /8766
10.09 3U/G / 1380.00 = 2760.00/G/Y/ / . /01JUL09 /8766
11.10 3U/S / 1230.00 = 2460.00/S/Y/ / . /01JUL09 /8766
12.11 3U/L / 1090.00 = 2180.00/L/Y/ / . /01JUL09 /8766
13.12 3U/Q / 1010.00 = 2020.00/Q/Y/ / . /01JUL09 /8766
14.13 3U/E / 940.00 = 1880.00/E/Y/ / . /01JUL09 /8766
15.14 3U/V / 810.00 = 1620.00/V/Y/ / . /01JUL09 /8766
16.15 3U/R / 720.00 = 1440.00/R/Y/ / . /01JUL09 /8766
17.16 3U/K / 630.00 = 1260.00/K/Y/ / . /01JUL09 /8766
18.17 CA/F / 2720.00 = 5440.00/F/F/ / . /01JUL07 /7001
19.18 CA/C / 2350.00 = 4700.00/C/C/ / . /01JUL07 /7001
20. PAGE 1/4
```

【说明】

➢ 1 行:FD:PEKKMG/01SEP09 表示重复查询条件;CNY 表示货币种类;TPM 2266 表示实际里程。

➢ 2 行:3U 表示航空公司代码;F 表示运价等级代码;2720.00 = 5440.00 表示单程、往返;F/F 表示实际子级/ 舱位等级;/．/表示停留期(一般国内没有限制)。

➢ 01JUL09 表示有效期(起止日期,国内一般只写开始期)。

➢ G020 表示注释代码和航路限制代码(较少出现)。

➢ 20 行:PAGE 1/4 表示共四页,当前是第一页。

例:查询北京到昆明,9 月 1 日深航票价。

```
>FD: PEKKMG/01SEP/ZH
1.FD: PEKKMG/01SEP09/ZH /CNY /TPM 2266/
2.01 ZH/Y / 1810.00= 3620.00/Y/Y/ / . /20APR04 /Y002/R
3.PAGE 1/1
```

Y002/R:注释代码,R 有航路限制

二、查看注释中的使用条件

指令格式：

＞**PFN**:序号//I(或条目)

【格式说明】

➢ 查前次 FD 输出中的,指定序号价格的注释内容；

➢ //I：查看注释目录；

➢ //条目：查看指定条目的注释内容。

或

指令格式：

＞**PFN**:注释代码/航空公司//I(或条目)

【格式说明】

➢ 查指定航空公司的,指定注释代码的内容；

➢ //I:查看注释目录；

➢ //条目:查看指定条目的注释内容。

例：查看票价 1 的使用条件。

```
＞PFN 01
PFN 01/21AUG09  Y002/ZH
BJSKMG/Y/CNY//1810.00 = 3620.00/20APR04
16.变更费用
自愿变更:
不允许变更
自愿退票:
一、无缝转机散客客票的退票规定
1.无缝转机客票:使用始发地至目的地间直达票价而非分段票价相加的中转联程客票；
2.全航程退票按照直达航班客票退票规定办理；
3.旅客自愿放弃任何一段航程,要求退票,扣除已使用航段对外公布的经济舱全票价后,再根据直达航班客票的退票规定扣除余额的退票费,票款的差额多退少不补
二、无缝转机团体客票的退票另有规定
18.客票签注
50.其他规定
随定随售;不允许填开 OPEN 票。
PAGE 1/1
```

例：只查看票价 1 的目录。

```
＞PFN 01//I
PFN /21AUG09  Y002/ZH
01.乘机者                                    02.日期/ 时间
```

03. 季节　　　　　　　　　　04. 航班适用条件
05. 提前订座/出票　　　　　06. 最短停留时间
07. 最长停留时间　　　　　　08. 中途分程
09. 转机　　　　　　　　　　10. 运价组合
11. 除外日期　　　　　　　　12. 附加费用
13. 陪同旅行　　　　　　　　14. 旅行限制
15. 销售规定　　　　　　　*16. 变更费用
17. 较高点检查/里程限制的例外　*18. 客票签注
19. 儿童/婴儿折扣　　　　　　20. 领队折扣
21. 代理人折扣　　　　　　　22. 其他折扣
23. 杂项规定　　　　　　　　25. 规则运价
26. 团体运价　　　　　　　　27. 旅游运价
28. 访问另一国运价　　　　　29. 定金
31. 变更限制　　　　　　　　35. 议定运价
　*50. 其他规定
＊＊＊＊＊＊请选择类别＊＊＊＊＊＊
PAGE 1/1

【说明】

➢ 乘机者：无限制的条目；
➢ *16. 变更费用：有特殊要求的条目。

例：指定条目查看。

> PFN 01//16
PFN /21AUG09 Y002/ZH
16. 变更费用
自愿变更：
不允许变更
自愿退票：
一、无缝转机散客客票的退票规定
1. 无缝转机客票：使用始发地至目的地间直达票价而非分段票价相加的中转联程客票；
2. 全航程退票按照直达航班客票退票规定办理；
3. 旅客自愿放弃任何一段航程，要求退票，扣除已使用航段对外公布的经济舱全票价后，再根据直达航班客票的退票规定扣除余额的退票费，票款的差额多退少不补。
二、无缝转机团体客票的退票另有规定
PAGE1/1

三、查看航路条件

指令格式：

＞**PFR**：序号

【格式说明】

查前次 FD 显示中指定序号价格的航路限制条件。

例：

> ＞PFR：01
> 1. PFR：01 /01SEP09/ZH
> 2. 01 ＊ BJS-SZX-KMG
> 3. PAGE 1/1

【说明】

2 行：BJS-SZX-KMG：由北京到昆明，需要经深圳，才可用该价格。

活动二　国内航空公司净价查询

与公布价格不同，航空公司在某些特定航线或舱位，在某一时段会有一些促销性的价格，这种价格一般都有较严格的限制条件，如有效期、舱位、停留要求，甚至行程、航班号都有可能存在明确要求，同时这类票价往往对于是否能退票、改期也会有特殊的要求。我们习惯称这种票价为净价。

一、净价查询

指令格式：

＞**NFD**：起止城市/日期/承运人 类型 参数

【格式说明】

➢ 日期：默认为当天，可以指定日期；

➢ 类型(#)：

● 指定舱位：舱位代码；

● 方向：EH—东半球内，WH—西半球内，PA—跨太平洋，AT—跨大西洋，FE—远东，TS—跨西伯利亚；

➢ 类型(＊)：

● 指定行程性质：OW—单程，RT—往返；

● 服务等级：Y—经济舱，C/J—商务舱，F/P—头等舱，O—其他服务等级；

● 折扣代码：GC/GV—团体，SD—学生，EM—新移民，CH—儿童，IN—婴儿；

● 显示顺序：默认 L 由低到高显示，H 由高到低显示。

➢ 类型(@)：

运价基础代码。

例：查询北京到广州南航，儿童 R 舱净价。

>NFD：PEKCAN/CZ#R*CH

1. NETT FARE - PEKCAN   TAX(ES) NOT INCLUDED
2. 05SEP09 CNY/CHILD/EH
3. LN CXR OW RT FBC/TC RBD MIN/MAX TRVDATER
4. 01 CZ 610.00 YABO05   R 00D/00D 24AUG09-24SEP09 >NFN:01
5. AP30 B2BSAD PEK-CAN >NFR:01
6. 02 CZ 720.00 YABO03L2 R 00D/00D 13AUG09-31OCT09 >NFN:02
7. AP15 B2BSAD PEK-CAN >NFR:02
8. 03 CZ 740.00 YABO03L1 R 00D/00D 13AUG09-31OCT09 >NFN:03
9. AP15 B2BSAD PEK-CAN >NFR:03
10. PAGE 1/1

【说明】
➢ 1 行:PEKCAN 表示行程;TAX(ES) NOT INCLUDED 表示不含税。
➢ 2 行:05SEP09 表示旅行日期;CNY/CHILD/EH 表示币种:人民币/ 折扣:儿童/ 方向:东半球内。
➢ 3 行:LN 表示序号;CXR 表示承运人;OW 表示单程;RT 表示往返;FBC/TC 表示运价基础/旅游代码;RBD 表示实际舱位;MIN/MAX 表示最小、最长停留期;TRVDATE 表示有效期;R:NFN 表示使用条件;NFR 表示航路要求。
➢ 4 行:01 表示序号;CZ 表示承运人;610.00 表示单程价;YAB005 表示运价基础;R 表示承运舱位;00D/00D 表示停留要求;24AUG09-24SEP09 表示票价有效期;NFN:01 表示使用条件显示。
➢ 5 行:AP30 表示提前 30 天预订;B2BSAD 表示备注"B2B 网上销售";PEK-CAN 表示第一个航路要求;NFR:01 表示航路要求显示。

二、使用条件查看

例：

>NFN:1
>NFN01
去程/ 回程 >NFN:01//01 适用规定 乘机者
预订规定 运价组合 >NFN:01//05 团队规定

支付/出票　退票规定＞NFN:01//08　变更规定
扩充规定　其他规定＞NFN:01//11　全部规则＞NFN:01
＊＊＊运价组合方式＊＊＊
允许单独销售
允许与所有运价组合销售
＊＊＊退票规定＊＊＊
不得退票
＊＊＊其他规定＊＊＊
其他规定按2008年《南航国内运输散客公布票价使用条件》(新版)执行。
＊＊＊去程回程＊＊＊
提前预订：30 天
儿童运价：610.00
PAGE 1/2

三、航路条件查看

例：

>NFR：1 ←———— 前NFD中票价序号

1. >NFR01
2. PEKCAN/CZ　　　　05SEP09　　　　　　BB05NLD
3. CNY610.00　　　　YAB05　　　　　VALUE CODE：NA
4. ROUTING
5. CXR　　RBD　　FBC　　　APPL FLT　　　FLT EXCP　BAG(AD/CH/IN)
6. 01 PEK CAN　　Q：-2.00
7. CZ　　　R　　　YAB05　　0-0　　　　　0-0　　　　　　0/0/0
8. STOPOVER
9. 没有适用的经停信息
10. PAGE 1/1
11. >NFD *

【说明】
➢ 1~3 行：所查运价说明。

➢ 4~9 行:航路要求。
➢ 5 行:CXR 表示承运人;RBD 表示承运舱位;FBC 表示运价基础;APPL FLT 表示航班号;FLT EXCP 表示例外航班;BAG(AD/CH/IN)表示行李限制。
➢ 6 行:01 表示行程序号;PEK CAN 表示行程;Q 表示附加费。
➢ 7 行:CZ 表示承运人;R 表示舱位;YAB005 表示运价基础;0-0 表示无航班限制;0/0/0 表示无行李限制。
➢ 8、9 行:无经停。
➢ 10 行:共一页。
➢ 11 行:重新显示 NFD 内容。

任务实施

分小组进行不同角色(旅客和工作人员)的扮演,按照旅客提出的要求,工作人员完成以下查询服务。

(1)查询 5 月 1 日杭州—厦门所有航班的公布运价。
(2)查询 5 月 1 日杭州—厦门东航所有航班的公布运价。
(3)查询 5 月 1 日杭州—厦门国航第一个航班头等舱 F 的机票价格。
(4)查询 5 月 1 日杭州—厦门东航中午 12 时后第一个直达航班经济舱 Y 舱的机票价格。
(5)查询 5 月 1 日杭州—厦门东航 15 时后第一个直达航班经济舱最低舱位的机票价格。

任务评价

请评价人员根据表2-4对上述任务实施情况进行评价

任务实施评价表　　　　　　　　　　　　　　　　　表2-4

评价标准	分值	自评(20%)	互评(20%)	师评(60%)
能熟练地使用系统查询指令	25			
能正确地识读系统显示结果	25			
能使用礼貌用语,回复旅客的查询信息	20			
小组合作良好,分工明确	20			
能认真点评其他小组的情景模拟,并提出解决方案	10			
合计	100			
总评				

项目总结

(1)本项目重点学习了如何在系统中进行公用信息、航班信息和机票价格的查询。

(2)学会了根据旅客的要求,灵活选择AV、SK、FF、FD指令进行查询,在航班信息的查询中要认真识读相关内容,树立严谨认真的工作态度,在查询票价时要连同客票的使用规则一同告知旅客,养成周到的服务意识。

(3)AV指令是工作中查询航班座位利用情况的主要指令,有多种使用格式,应熟练掌握其中常用的格式。在航班信息的查询中,如果旅客提出的要求越少,即输入的信息越简单,系统反馈的内容越多,需要根据查询的结果进行筛选;如果旅客提出的要求很明确,即输入的信息越多,系统反馈的内容就将越精准。

项目综合练习

一、选择题

1. 根据三字代码查询机场/城市的指令是( )。
   A. CNTD:T   B. CNTD:A   C. CD   D. AD

2. 根据机场/城市名全称查询三字代码的指令是( )。
   A. CNTD:T   B. CNTD:C   C. CNTD:N   D. CNTD:M

3. 根据航空公司全称查询两字代码的指令是( )。
   A. CNTD:C   B. CNTD:D   C. CNTD:N   D. CNTD:M

4. 根据航空公司两字代码查询全称的指令是( )。
   A. CNTD:C   B. CNTD:D   C. CNTD:N   D. CNTD:M

5. 根据国家全称查询两字代码的指令是( )。
   A. CNTD:C   B. CNTD:D   C. CNTD:N   D. CNTD:M

6. 根据国家两字代码查询全称的指令是( )。
   A. CNTD:C   B. CNTD:D   C. CNTD:N   D. CNTD:M

7. 可以进行四则运算的指令是( )。
   A. CO   B. CN   C. CD   D. CM

8. 可以查询航班座位可利用情况的指令是( )。
   A. AV   B. FF   C. SK   D. FD

9. 可以查询航班班期的指令是( )。
   A. AV   B. FF   C. SK   D. FD

10. 可以查询国内公布运价的指令是( )。
    A. AV   B. FF   C. SK   D. FD

二、判断题

1. 使用SK指令进行航班班期的查询时,也可以同步查询出航班上座位可利用情况。
   (   )

2. 航班座位可利用情况中的A代表此舱位可以提供9个以上的座位。 (   )

3. 使用AV指令进行航班查询时,可以发现有的航班是有经停点,但是具体在哪里经停并不能在AV指令显示结果中查看到。 (   )

4. 使用 AV 指令进行航班查询时,航班飞行日期中如果显示 1,代表只有每周一有该航班,如果没有任何显示,则表示整周都有该航班。   (   )
5. 当在系统中某个功能的显示内容有多页时,可以使用 PF 指令快速翻到最后页。
                                                                    (   )

三、实操练习题
1. 查询 MU、CA、CZ 的静态数据信息。
2. 查询国家全称为 Thailand、Vietnam、Germany 的两字代码。
3. 查询国家两字代码为 AU、JP、US 的国家全称。
4. 查询成都、厦门、西安、伦敦、悉尼的三字代码。
5. 查询 LYG、LYA、NDG、PAR、LAX 的城市名称。
6. 查询 AIR CHINA 和 CHINA EASTERN AIRLINES 的两字代码。
7. 查询两字代码是 9C、ZH、3U 的航空公司全称。
8. 查询上海与巴黎的时差。
9. 查询 2 月 25 日的前 10 天、后 15 天、后 25 天的日期。
10. 查询 2 月 25 日杭州—厦门所有的航班信息。
11. 查询 2 月 25 日宁波—天津国航的航班信息。
12. 查询 2 月 25 日昆明—乌鲁木齐东航的直达航班。
13. 查询 2 月 25 日大连—西安最早有座位的直达航班。
14. 查询 2 月 25 日合肥—武汉中午 12 时后最早的国航的直达航班。
15. 查询 2 月 25 日广州—上海国航头等舱 F 有 5 个座位的航班信息。
16. 从已有的 AV 信息中查询 2 月 25 日上海—北京东航航班的所有票价。
17. 查询 2 月 25 日上海—北京国航所有的票价信息。
18. 查询 2 月 25 日上海—北京国航最早直达航班最低可利用座位舱位的票价。
19. 查询 2 月 25 日前后三天内天津—连云港的直达航班信息。
20. 查询 2 月 25 日前后三天内上海—成都东航的航班信息。

四、综合题
根据旅客要求,请利用订座系统查询 6 月 1 日前后三天内从海口到厦门的直达航班信息,并查看头等舱和经济舱最低可利用舱位的票价及使用限制、航班航站楼信息、飞行时间、餐食提供情况。

项目三

客票预订

* 任务一　基础PNR的建立
* 任务二　PNR的操作
* 任务三　各种航程PNR的建立
* 任务四　特殊旅客PNR的建立
* 任务五　团队PNR的建立及其操作
* 任务六　机上座位的预订

项目概述

客票仅限于客票上所列明的旅客使用,因此,正确记录旅客的姓名、航段、联系方式等信息的旅客订座记录在客票销售中非常关键,它也将直接影响到旅客的顺利出行。本项目主要内容包括旅客订座记录(Passenger Name Record,简称 PNR)所含内容的操作方法,如姓名组、航段组、联系组、出票情况组等,PNR 的生效、提取、取消、修改、还原等内容。通过学习,掌握不同类型的旅客、不同航程 PNR 的建立方法,掌握 PNR 生效、提取、修改、还原等操作方法,掌握团体旅客 PNR 的处理方法,能进行机上座位预订,以满足客人乘机的需要。

任务一 基础 PNR 的建立

任务清单

请根据任务清单完成本任务的学习。

课前预习	收集整理国航、东航、南航客票预订的一般规则
课中学习	1. 掌握旅客订座记录 PNR 的组成部分
	2. 掌握基础 PNR 的操作方法
	3. 掌握查询国内航空公司净价的方法
课后复习	1. 完成任务实施,加深对建立 PNR 的各项操作的掌握与应用
	2. 收集整理国内除国航、东航、南航外的其他航空公司客票预订的一般规则。加深对国内航空公司的客票预订要求的认识
	3. 梳理本任务所学知识,总结知识重难点,完善学习笔记

任务引入

学生赵明打算回家过暑假,联系售票处要求预订 7 月 1 日北京—广州 CZ3102 的机票,作为工作人员,在接到该同学的需求后,应该如何在系统中为其完成订座?

任务分析

旅客订座记录 PNR 中必须包含姓名组、航段组、联系组、出票情况组 4 个基本项。此外,系统还会自动生成售票处的联系方式和责任组等,这些项目虽已显示在屏幕上,但并未真正生效。只有经过封口,并产生记录编号,PNR 才生效,订座才最终成功。4 个基本项的指令可以单独执行,也可合并执行。在实际工作中,一般先建立航段组,再建立姓名组,即航段组和姓名组可以颠倒顺序输入,但不管以何种顺序输入,显示结果必以姓名、航段、联系方式、出票情况这样的顺序排列。航班信息查询框图如图 3-1 所示。

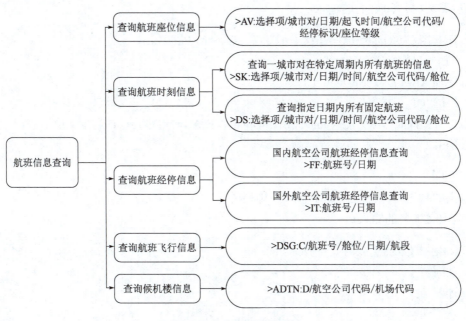

图 3-1 航班信息查询框图

任务分解

PNR 即英文 Passenger Name Record 的缩写,中文全称是旅客订座记录。它反映了旅客的航程、航班座位占用的数量及旅客姓名等信息。一个完整的旅客订座记录可能会有旅客姓名、航段信息、联系方式、备注信息、票号信息、票价信息等内容。

活动一 旅客姓名组的建立

姓名组(NM)是组成旅客订座记录(PNR)必不可少的组项,它记录了旅客姓名、所订座位数、称谓、特殊旅客代码等内容。

指令格式:

>**NM:该姓名的订座总数 旅客姓名(特殊旅客代码)**

【格式说明】
➢ 姓名组由英文字母或汉字组成；
➢ 若输入英文字母的姓名，姓与名之间需用斜线（/）分开（中文姓名无此限制）；
➢ 旅客姓名均应由英文 26 个字母组成，每个旅客姓名最多只能有 1 个斜线（/）；
➢ 对于输入英文字母的姓名，姓不得少于两个字母；
➢ 旅客名单按照姓氏的字母顺序排列；
➢ 旅客姓名长度最大为 23 个字符（其中包括空格及斜线等）；
➢ 散客记录最大旅客数为 9 人，旅客数大于 9 人的记录为团体旅客记录。
下面介绍旅客姓名的输入方法。
例：英文（拼音）姓名的输入。

> NM:1ZHU/QI1REINHARD/HAETTI1STEFAN/PLETZER
1. REINHARD/HAETTI
2. STEFAN/PLETZER
3. ZHU/QI
4. BJS/T PEK/T 010-63406973/SHIPU TRAVE AGENCY/LIU DE PU ABCDEFG
5. BJS123

【说明】
输出的顺序是按照姓氏的字母顺序排列的。
例：中文姓名的输入。

> NM:1 赵宜明 1 钱海良 1 孙家浩
1. 钱海良
2. 孙家浩
3. 赵宜明
4. BJS/T PEK/T 010-63406973/SHIPU TRAVE AGENCY/LIU DE PU ABCDEFG
5. BJS123

【说明】
➢ 出国内票时，若自动打票或电子票，国内旅客要输入其中文姓名；
➢ 出国际票时，必须输入英文字母；
➢ 输入旅客姓名时，要保证姓名的准确，航空公司一般都禁止修改旅客姓名。

☆ **知识拓展**

有相同姓氏旅客姓名的输入方法有两种：
例：为 ZHANG JIAN、ZHANG QIANG、LIU QUN、LIU WEI、LIU HANG 建立姓名组。
> NM:1ZHANG/JIAN1ZHANG/QIANG1LIU/QUN1LIU/WEI1LIU/HANG

也可以这样输入:
> NM:2ZHANG/JIAN/QIANG3LIU/QUN/WEI/HANG
3. LIU/QUN 4. LIU/WEI 5. LIU/HANG 1. ZHANG/JIAN 2. ZHANG/QIANG
4. BJS/T PEK/T 010-63406973/SHIPU RAVE AGENCY/LIU DE PU ABCDEFG
5. BJS123

【说明】
➢ RT 后的顺序是按照姓氏的字母排列的,姓氏相同时,先输入的姓名排列在前。
➢ 第二种输入方式中的"2"和"3"是指相同姓氏的旅客数;但第二种输入方式只适用于英文字母的姓名,不适用于中文姓名;在输入旅客的数量时,输入有相同旅客姓氏的旅客数量,之后输入旅客的姓,然后用斜线分割旅客名,当第一个旅客名输入完后,再用斜线分割,输入第二名旅客的名,依此类推。
➢ 封口以后的姓名顺序会按照屏幕上显示的列出,即 LIU/QUN 是 1 号,LIU/WEI 是 2 号。

活动二 航段组的建立

建立航段信息是 PNR 中最重要的内容。通常工作人员采用 SD 指令订座,即首先 AV 查看航班座位状态,然后为旅客订座。每个工作人员都应掌握这种最基本的订座方式。

指令格式:
> SD:航线序号/舱位等级/行动代号/订座数

【格式说明】
航线序号:前一步 AV 显示的对应航班的序号。
舱位等级:前一步 AV 显示对应航班的舱位。
行动代号:可以省略,默认为 NN 申请。代理人应在一定程度上了解不同的行动代码的含义:可直接销售(DIRECT SELL)的航空公司,即 AV 中有 DS#标识。

● DK:座位已订妥,@后变为 HK;
● DR :座位已订妥且确认,@后变为 RR;
● DW :候补状态,@后变为 HL;
● HN :列入申请状态。

订座数:预订座位的数量。
例:预订 9 月 30 日 CA1321 航班 F 舱 1 个座位。

> AV:PEKCAN/30SEP
30SEP(WED) PEKCAN
1- CA1321 PEKCAN 0900 1200 340 0 M DS# FA AS CA DS YA BA HA KA LS
2 CA1301 PEKCAN 1030 1310 300 0 M DS# FA YA BA RA HA Z5
3 CZ3102 PEKCAN 1210 1500 777 0 M DS# CA DS YA WA KA HA MA GS QS VS

> 4 + CZ3111 PEKCAN 1250 1555 TU5 0 M AS# YL KL HL MQ
> SD:1F1
> 1. CA1321 F WE30SEP PEKCAN DK1 0900 1200 340 S 0
> 2. PEK099

【说明】
> 间接建立航段组需要经过两步，即 AV、SD，才可建立航段组。
> 出错信息提示。
● "UNABLE"：当所订的航班舱位不存在或状态不正确时，系统给出应答为 UNABLE 并显示航班情况。
● ACTION :行动代码不正确。
● SEATS :订座数与 PNR 中旅客数不一致。
● SEGMENT :城市对输入无效。
● TIME :输入时间不正确。
● FLT NUMBER :航班号不正确。
● SCH NBR :航线序号不符。

✪知识拓展

有的时候客票销售人员已经知道一个待定航班的所有信息，如航班号、日期、航段、舱位、目前可以预订座位数以及起降时间，那么就可以不先使用 AV 指令查看航班信息，而直接使用 SS 指令来预订航班，从而方便操作。

指令格式：
> SS:航班号/舱位/日期/航段/行动代码/订座数/起飞时间 到达时间

【格式说明】
> 使用 SS 直接建立航段组时，对于中国民航的航空公司的航班，代理人只能订取系统中实际存在的航班。
> 对于外国航空公司的航班，代理人可以任意订取，即使该航班实际并不存在，也可以建立。故用 SS 订取国内航空公司的航班时，工作人员应事先了解详细的航班情况。
> 工作人员使用 SS 直接建立航段组时，一次输入最多可订取 5 个航班。
> 在订国内航空公司的航班(有 DS#符号)时，工作人员可以航班座位情况结合旅客的实际情况来确定行动代号：
● 如果航班有座位，旅客直接购票，可用 RR(订妥且确认)；
● 如果航班有座位，旅客只要求预订，可用 KK(订妥)、HK(订妥)、NN(申请)或省略；
● 如果航班没有座位，可用 LL(候补)、NN(申请)或省略。
例：申请预订 CA1301 航班，Y 舱，20OCT，北京—广州的一个座位。

> SS:CA1301/ Y /20OCT / PEKCAN/NN1/ 1450 1745
1. CA1301 Y SA20FEB PEKCAN DK1 1450 1745 74E S 0
2. PEK099

活动三 联系组的建立

联系组的功能是记录代理人各种联系信息,方便查询代理人信息。PNR 中的联系组有三种。

一、系统自动生成的代理人联系信息

代理人联系信息是客票销售人员在订座时,计算机系统自动生成的,包括代理人所在城市、名称、电话及负责人。该信息便于航空公司与代理人之间的联系。因此若代理人联系组的信息有所改变,应及时与航信相应部门联系更改,以保证系统信息的准确性。

二、联系组

CT 联系组在订座时会自动导入,但有时也会需要我们手工输入。

1. 代理人联系方式输入

当因为某些情况,记录中没有系统自动生成的订座 OFFICE 的联系方式时,记录会无法封口,此时就需要使用下面的指令来解决。本操作系统由于会自动导入 CT 联系组,因此在之后的案例演示中均不再输入 CT 联系组。

指令格式:
＞**CT:城市代码/自由格式文本**

例:北京售票处固定电话为 66017755。

```
＞CT:PEK/66017755-2509
1. PEK/66017755-2509
2. BJS/T PEK/T 010-63406973/SHIPU TRAVE AGENCY/LIU DE PU ABCDEFG
3. BJS123
```

2. 旅客联系方式输入

除了用于输入代理人的联系方式外,CT 指令还可用于备注旅客的联系方式,但此旅客联系方式输入法目前已被其他信息联系组 OSI 所取代。

指令格式:
＞**CT:电话/旅客序号**

【格式说明】

旅客序号:记录中旅客的序号,无特指时可以省略。

例:旅客固定电话为 10108401。

```
＞CT:10108401/P1
1. TEST/TEST
2. CA1831 Y  SA23JUN  PEKSHA DK1  0730 0940  747  0 R E T3T2
3. 10108401/P1
4. TL/1200/10DEC/PEK099
```

三、联系组

OSI 联系组是为了确保旅客能及时、准确地接收到航班的相关信息,尤其是在发生不正常航班时,要告知旅客不正常航班延误或取消的原因,确保通知旅客进行客票变更、签转、退票等工作,因此,航空公司要求各客票销售人员务必在旅客订座记录里以 OSI 指令格式正确输入旅客的联系电话,便于和旅客的联系。

1. 旅客联系方式

指令格式:

＞**OSI**:航空公司代码 CTCM 电话号码/旅客序号

【格式说明】

航空公司代码:记录中航段对应的航空公司代码。

CTCM:标识此为旅客联系方式。

电话号码:旅客的联系电话,CTCM 后无空格。

旅客序号:指定第几位旅客,不可省略。

例:为第一位旅客输入联系电话 13634566543。

　　＞*OSI：CA CTCM13634566543/P1*

　　1. GAO/FENG 2. HAO/HAIDONG 3. LI/BING M4MDS

　　4. CA1301 Y SA10OCT PEKCAN HK3 1030 1310

　　5. BJS/T PEK/T 010-63406973/SHIPU TRAVE AGENCY/LIU DE PU ABCDEFG

　　6. OSI CA CTCM13634566543/P1

　　7. PEK999

2. 输入非旅客的联系方式

指令格式:

＞**OSI**:航空公司代码 CTCT 电话号码

【格式说明】

航空公司代码:记录中航段对应的航空公司代码。

CTCT:标识此为联系人的联系方式。

电话号码:是联系人或代理人的电话号码,CTCT 后无空格,无旅客序号。

例:输入联系人的联系电话 13634564433。

　　＞*OSI：CA CTCT13634564433*

　　1. GAO/FENG 2. HAO/HAIDONG 3. LI/BING M4MDS

　　4. CA1301 Y SA10OCT PEKCAN HK3 1030 1310

　　5. BJS/T PEK/T 010-63406973/SHIPU TRAVE AGENCY/LIU DE PU ABCDEFG

　　6. OSI：CA CTCT13634564433

　　7. PEK999

值得一提的是，除了上面讲的传输联系方式可以使用 OSI 指令外，OSI 指令还可以向航空公司系统传输一些信息备注，它与 SSR 指令所不同的是，OSI 输入是说明性的，不需要航空公司确认，航空公司也不会进行回馈，而 SSR 指令多用作服务申请，需要航空公司的响应。

指令格式：
＞OSI：航空公司代码 自由文本/旅客序号

【格式说明】
➢ 航空公司代码：所预订航班的航空公司代码。
➢ 文本：自由文本。
➢ 旅客序号：旅客序号可省略。

例：

```
＞OSI：CA TEST/P1
1. TEST/TEST
2. CA1321  Y   MO02OCT   PEKCAN DK1   0900 1215   772   0   R E T3 --
3. BJS/TPEK/T-10108401/CACIHELPDESK
4. OSI CA TEST/P1
5. PEK099
```

活动四　出票组的建立

有了姓名、航段、联系方式后，还要加入出票状态项，如计划出票的日期或已出客票的票号情况。

一、输入出票时限

未出票的应输入具体出票的时限，到达出票时限时计算机系统向相应部门拍发电报，提示工作人员出票，否则会被航空公司取消。

指令格式：
＞TK：TL/时间/日期/出票部门

例：为 PNR 中旅客设置出票时限。

```
＞TK：TL/1200/06OCT/BJS123
＞RT：
1. LI/SAN 2. ZHANG/WAN 3. ZHAO/YI M4MDS
4. CA1301  Y  SA10OCT PEKCAN HK3  1030 1310
5. BJS/T PEK/T 010-63406973/SHI TRAVE AGENCY/LIU DE PU ABCDEFG
6. 66017755
7. TL/1200/06OCT/BJS123
8. RMK CA/JV3C6
9. BJS123
```

【说明】

出票时限可以根据旅客情况而定，但通常要求旅客在航班起飞 3 天之前出票。

二、手工输入票号项

指令格式：

＞TK：T/票号/旅客序号

【格式说明】

➢ T：手工输入票号固定格式；

➢ 票号：已有客票的票号；

➢ 旅客序号：当记录中有多个旅客时，可指定该票号为第几名旅客的票号，可省略。

例：输入票号为 999-1234567888。

```
＞TK：T/999-1234567888
1. T/999-1234567888
2. BJS/T PEK/T 010-63406973/SHI TRAVE AGENCY/LIU DE PU ABCDEFG
3. BJS123
```

【说明】

➢ 如记录中有手工输入的票号项，则在出票时会提示已出票，无法继续出票。

➢ 系统不允许删除手工输入的票号项，所以，如无特殊情况，请不要在记录中输入手工票号，否则可能会导致无法继续出票。

活动五　PNR 生效

在修改或建立新的 PNR 时，用封口指令@或/，使修改或建立的 PNR 生效。在封口之前，PNR 虽然显示在屏幕上，但并未正式生效，只有封口后，才可以继续建立其他记录。它是生效 PNR 必不可少的一步。

一、封口的使用

指令格式：

＞@或"/"

【格式说明】

➢ 封口指令可以单独输入，也可以在一组指令的最后输入；

➢ 封口时会自动检查所输入的内容是否完整；

➢ 封口后，旅客的订座记录编号及航段信息将显示在屏幕上。

例：我们最常见的是封口，就是对 PNR 的确认，并生效。

```
＞SS：CA1501/Y/10DEC/PEKSHA/KK1
NM：1 王军
```

OSI：CA CTCT13658744553
OSI：CA CTCM15885444551/P1
TK：TL/1200/7DEC/BJS123 输入
＞@
CA1501 Y FR10DEC PEKSHA HK1 0840 1035
N6B4M

【说明】

工作人员在封口时,有时会遇到输入不进去的情况。可在@封口指令后加其他的选择代码,选择代码见表 3-1。

表 3-1 选择代码

选择代码	描述
@K	1. 将 KK,KL 或 TK 变为 HK
	2. 将 UU,US 或 TL 变为 HL
	3. 将 TN 变为 HN
	4. 并将带有 NI,UC,UN 的项移到 PNR 的历史部分
	5. PNR 中的任何航班更改标识(闪动的 S,P,C)或航班信息标识(闪动的 I)将被抹去
@I	1. 航段不连续
	2. 邮寄时间不够
	3. 有航班变更标识
	4. 两个连接航段的停留时间小于最小连接时间

二、@K 的使用

使用@K 可以将 KK、KL、TK 行动代码变为 HK,将 US、UU、TL 变为 HL,将 TN 变为 HN,将有 NO、UC、UN 等行动代码的航段移入历史记录。

例：

```
＞RT MWDP9
1. GAO/FENG MWDP9
2. MU4182 T TU20OCT PEKKMG KK1 1810 2110
3. BJS/T PEK/T 010-65538922/CHINA AIR SERVICE COMPANY/DONG SHU HUA
4. NC
5. TL/1200/15OCT/BJS191
6. RMK CA/JNMBZ
7. BJS191
```

```
>@K
MU4182 T TU20OCT PEKKMG HK1 1810 2110
MWDP9
```

【说明】

可以看到 KK 的行动代码变成了 HK。

三、@I 的使用

有时旅客的航段不连续,而代理人又没有加入到达信息,这时用@封口会被系统拒绝,使用 I 代码可以跳过检查生成 PNR。

例:

```
1. XIE/FENG
2. CA977 Y SA10OCT PEKCAN DK1 0815 1115 763 S 0
3. 3U561 Y TH15OCT CTUSHA DK1 0800 1000 320 S 0
4. BJS/T PEK/T 010-65538922/CHINA AIR SERVICE COMPANY/DONG SHU HUA
5. NC
6. TL/1200/07OCT/BJS191
7. BJS191
 >@
CHECK CONTINUITY
 >@I
CA977 Y SA10OCT PEKCAN HK1 0815 1115
3U561 Y TH15OCT CTUSHA HK1 0800 1000
N6WG7
```

有时也会出现多于一个人提出同一个 PNR,且进行修改。当提出一个 PNR 并修改,封口时,若在屏幕上出现:

```
SIMULTANEOUS MODIFICATION-REENTER MODIFICATION
```

【说明】

原意为:类似的修改-重新输入当前的修改。即为在此期间有其他人或是系统在修改该记录,并且先封口生效,因此本次修改不能记录进去,需要重新提取该记录再修改。

该信息会在以下情况出现:

● 其他工作人员也在同一时间提取同一个记录,修改后先封口。

● 打票后,立即提取记录,并修改。其间,系统将票号返回到 PNR 中,先封口。之后的封口无效。

例:

＞RT：MB4RZ

1. 高浩 MB4RZ

2. MU2369 F SU05DEC XIYCAN RR1 1410 1615

3. PEK 64276688

4. T

5. FC/XIY WH CAN 2500.00FB CNY2500.00END

6. RMK CA/KPP6Z

7. FN/FCNY2500.00/SCNY2500.00/C3.00/ACNY2500.00

8. TN//P1

9. FP/CASH,CNY

10. PEK099

＞XE9

FP：CHECK,CNY

＞ETDZ：1/P1

SIMULTANEOUS MODIFICATION-REENTER MODIFICATION

这时应 IG,并重新提取该记录。

＞IG

＞RT MB4RZ

1. 高浩 MB4RZ

2. MU2369 F SU05DEC XIYCANRR1 1410 1615

3. PEK 64276688

4. T

5. RMK CA/KPP6Z

6. FN/FCNY2500.00/SCNY2500.00/C3.00/ACNY2500.00

7. TN/783-6051234838/P1

8. FP/CASH,CNY

9. PEK099

我们发现,记录中的内容与刚才提出的已发生了变化。应在此基础上再进行修改。

【说明】

➤ 提取一个 PNR 后,如果当前的显示中没有任何修改,封口命令@ 便相当于一个还原命令 IG。

➤ 当 PNR 中每一项内容输入后,封口时还要检查所有航段的连续性,若分别使用了城市名和机场名,则认为它是连续的。如果航段不连续,则根据具体情况,采用不同的选择代码进行强行封口。

➤ @IK 可以同时使用。

➤ 若在屏幕下方出现一行字,说明 PNR 内部的数据结构发生了错误,应立即与在线支持中心联系。

➢ 若工作人员建立了航段组,但未封口,且时间超过 5 分钟,这时由系统内部自动做了 IG,将座位还原,防止恶意虚耗座位。工作人员应做 IG,并重新建立 PNR。

➢ 出错信息提示:

● CHECK CONTINUITY　检查航段的连续性,使用@I;

● CONTACT ELEMENT MISSING　缺少联系组,将旅客的联系电话输入到 PNR 中;

● MAX TIME FOR EOT - IGNORE PNR AND RESTART　建立了航段组,但未封口的时间超过 5 分钟,这时系统内部已经做了 IG,将座位还原,工作人员应做 IG,并重新建立 PNR;

● NAMES　PNR 中缺少姓名项。

活动六　基础 PNR 建立实例操作

旅客赵明要求预订 7 月 1 日北京—广州 CZ3102 航班 Y 舱,联系电话 13565657878。

第一步,查询航班并建立航段。

```
>AV H/PEKCAN/1JUL/CZ
01JUL(TUE) BJSCAN
 1- CZ3108   DS# F9 C7 Y8 BA MQ HS KQ LQ EA V2   PEKCAN 0915  1220  332 0 S E
 2  CZ3162   DS# F2 CL YQ BL MQ HA KS LQ EQ      PEKCAN 1015  1310  AB6 0 S E
 3  CZ3102   DS# FQ CS YA B8 MQ HS KA L6 E7      PEKCAN 1215  1505  77A 0 S E
 4  CZ3231   DS# F5 C8 Y6 B9 M9 H4 K3 L5 E5      PEKCAN 1415  1720  321 0 S  E
>SD3Y1
1.CZ3102 Y   TU01JUL   PEKCAN   DK1   1215   1505   77A S 0 ^ E T2 - -
2.SHA/T SHA/T010 - 80885338/BEIJING ORIENT BLUE SKY INTERNATIONAL AVIA-
TION SERVICE CO. ,LTD//GEXING ABCDEFG
3.SHA001
```

第二步,输入姓名组。

```
>NM1 赵明
1.赵明
2.CZ3102 Y   TU01JUL   PEKCAN   DK1   1215   1505   77A S 0 ^ E T2 - -
3.SHA/T SHA/T010 - 80885338/BEIJING ORIENT BLUE SKY INTERNATIONAL AVIA-
TION SERVICE CO. ,LTD//GEXING ABCDEFG
4.SHA001
```

第三步,输入联系组。

> OSI CZ CTCM13555667788 / P1

1.赵明

2. CZ3102 Y TU01JUL PEKCAN DK1 1215 1505 77A S 0 ^ E T2--

3.SHA/T SHA/T010-80885338/BEIJING ORIENT BLUE SKY INTERNATIONAL AVIATION SERVICE CO.,LTD//GEXING ABCDEFG

4.OSI CZ CTCM13555667788/P1

5.SHA001

> OSI CZ CTCT/13555667799

1.赵明

2. CZ3102 Y TU01JUL PEKCAN DK1 1215 1505 77A S 0 ^ E T2--

3.SHA/T SHA/T010-80885338/BEIJING ORIENT BLUE SKY INTERNATIONAL AVIATION SERVICE CO.,LTD//GEXING ABCDEFG

4.OSI CZ CTCT13555667799 ← 非旅客的电话

5.OSI CZ CTCM 13555667788/P1 ← 旅客的电话

6.SHA001

第四步,输入出票组。

> TKTL/1900/29JUN/SHA001

1.赵明

2. CZ3102 Y TU01JUL PEKCAN DK1 1215 1505 77A S 0 ^ E T2 − −

3. SHA/T SHA/T010- 80885338/BEIJING ORIENT BLUE SKY INTERNATIONAL AVIATION SERVICE CO. ,LTD//GEXING ABCDEFG

4. TL/1900/29JUN/SHA001

5. OSI CZ CTCT13555667788

6. OSI CZ CTCM 13555667788/P1

7. SHA001

第五步,封口并生成 PNR。

> @
CZ3102 YTU01JUL PEKCAN HK1 1215 1505 77A
MGF1KQ

案 例 情 景

旅客李女士计划与家人前往三亚度假。她前往客票销售处预订机票,并向工作人员王志提供了出行日期、出发地以及目的地等关键信息。工作人员王志在系统中查询了相应航班,按照李女士的需求成功为她及家人预订了机票。

几天后,李女士决定出票时却被告知由于未在规定的出票时限内出票,之前所预订的座位已经被取消。更为令人不快的是,此时机票价格已经上涨,李女士不得不以更高的价格重新预订并购买机票。面对这种突发情况,李女士深感不满,她认为自己承担了不必要的巨大损失。因此,李女士决定向客票销售处投诉,主要原因在于工作人员王志在预订机票的过程中未提醒她有关出票时限的信息。由于缺乏明确的告知,李女士并没有及时出票,从而错失了之前预订的座位。这导致了她需要以更高的价格重新购买机票,给她的行程和预算带来了严重的困扰。

案 例 分 析

案例中李女士由于未在规定的出票时限内出票,导致之前预订的座位被取消,机票价格上涨,进而给她的行程和预算带来了严重的困扰。这突显了出票时限在客票销售过程中的重要性。客票在预订后,必须充分了解和遵守出票时限,这不仅关乎旅行的顺利进行,还体现了对规定的尊重和遵守。

工作人员王志在预订过程中未提醒李女士有关出票时限的信息,导致李女士在出票时遇到问题,应承担主要责任。因此作为一名销售人员,在服务中应当充分了解规定,并且以专业的态度为客户提供详尽的信息。这有助于确保客户能够做出明智的决策,减少不必要的困扰和损失。

此外,工作人员的诚信和责任意识也应该体现在为客户的利益着想,这不仅仅是完成一次交易,而是确保客户在整个服务过程中的满意度和权益得到保障。

任务实施

分小组进行不同角色(旅客和工作人员)的扮演,按照旅客提出的要求,工作人员完成以下预订服务。

(1)为您本人预订10月1日上海—成都国航最早航班最便宜的机票,联系电话自拟,请为其完成旅客订座记录的建立。

(2)为您朋友预订12月1日杭州—深圳国航中午12时后F舱的机票,联系电话自拟,请为其完成旅客订座记录的建立。

任务评价

请评价人员根据表 3-2 对上述任务实施情况进行评价。

任务实施评价表　　　　　　表 3-2

评价标准	分值	自评(20%)	互评(20%)	师评(60%)
能根据旅客要求查询航班并建立航段	15			
能利用 NM 指令为旅客建立姓名组	15			
利用 OSI 指令建立旅客联系组信息	15			
能利用 TKTL 指令设定出票时限	15			
能封口旅客订座记录并生效	15			
小组分工良好,能使用礼貌用语与旅客进行沟通	15			
能认真点评其他小组的情景模拟,并提出解决方案	10			
合计	100			
总评				

任务二
PNR 的操作

任务清单

请根据任务清单完成本任务的学习。

课前预习	了解操作 PNR 的内容
课中学习	1. 掌握 PNR 的提取方法
	2. 掌握 PNR 的取消操作
	3. 掌握 PNR 的还原操作
	4. 掌握 PNR 的修改操作
课后复习	1. 完成任务实施,加深对 PNR 提取、取消、还原、修改操作的掌握和应用
	2. 梳理本任务所学知识,总结知识重难点,完善学习笔记

任务引入

工作人员已经根据旅客要求进行了客票的预订,并生成了有效的 PNR/MWDBQ,但旅客提出要对预订信息进行修改,想要将原 2 月 1 日的 MU5402 航班改为 2 月 2 日的 SZ4516 航班,作为工作人员,该如何操作?PNR 建立后,除了可对预订信息进行修改,还可以进行哪些操作?

任务分析

PNR 建立后,对 PNR 进行查看、修改、取消、还原等也是 PNR 操作的重要内容。PNR 封口生效后,若要继续对该 PNR 进行操作,必须要先提取 PNR,系统中有多种提取 PNR 的方法,对 PNR 进行修改在日常业务中也经常遇到,所有对于 PNR 的修改只有在封口后才能生效,在修改过程中如果在封口前发现之前的修改操作不正确,可以使用还原指令还原到修改前的样子。PNR 中的所有内容,包括提取 PNR 后看到的 PNR 内容和被修改过的 PNR 内容,都能查看。PNR 操作框图如图 3-2 所示。

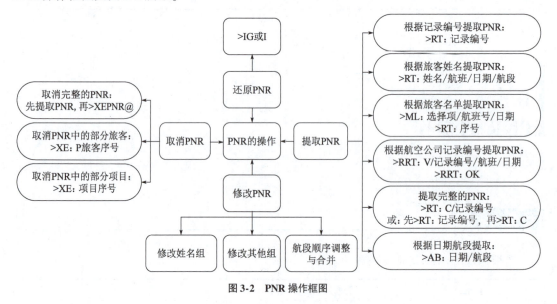

图 3-2　PNR 操作框图

任务分解

活动一　PNR 的提取

日常工作中经常要提取旅客订座记录。我们可以通过以下几种方法提取旅客订座记录:
➢ 根据 CRS 记录编号提取:

＞RT:×××××
- 根据旅客姓名提取：

＞RT:ZHANG/CA1301/10DEC
- 根据旅客名单提取：

＞ML:C/CA1301/10DEC

＞RT:序号
- 根据航空公司记录编号提取：

＞RRT:V/×××××/CA1301/10DEC
- 查看 PNR 完整的内容：

＞RT:C/×××××
- 根据航段日期提取本 OFFICE 的 PNR：

＞AB:12JUL/SHAPEK

以上几种方法都可以提出旅客记录，下面给予具体介绍。

一、根据记录编号提取 PNR

每个订座记录在封口后都有一个记录编号，它是由 5 位或 6 位数字与字母组成，计算机系统随机生成。

指令格式：

＞**RT**:记录编号

例：提取 PNR N1PSZ2。

＞*RT:N1PSZ2*

1. SHEN/JIE N1PSZ2
2. CA1501 Y TU29SEP PEKSHA RR1 0840 1035
3. SHA/T SHA/T 021-62339770/SF XIAN XIA ROAD BOOKING OFFICE/WENG
4. 62339987
5. T/999124455682-83
6. RMK CA/KWSEN
7. SHA391

二、根据旅客姓名提取 PNR

指令格式：

＞**RT**:姓名/航班/日期/航段

例：提取 8 月 24 日 CA1501 航班上姓名为"陈鹏"的旅客。

＞*RT:CHEN/CA1501/24AUG*
NAME LIST
CA1501/24AUG
001 1CHEN/WILLIAM P9NM0 C RR1 BJS160 20AUG99

```
002 1CHENPENG NENC2 C RR1 BJS160 23AUG
003 1CHENDERONG MH4E5 Y HX2 BJS160 09AUG99
004 1CHENXINGYU MMYZ8 Y RR2 BJS160 16AUG99
END
```

【说明】
➢ 系统将该代理人所订的 8 月 24 日的 CA1501 航班上的所有以字母 C 开头的旅客记录显示出来；
➢ 根据姓名提取 PNR 时，既可以输入旅客的全名，也可以只输入姓氏；
➢ 若只输入姓氏，航班上以该姓氏字母开头的旅客记录全部显示出来；
➢ 有些 PNR 中的姓名是英文字母，有些是中文，无论哪种输入，提取时都应输入字母。

三、根据旅客名单提取 PNR

我们可以先提取航班上由本部门建立的全部旅客记录，即 ML，然后再根据序号提取。
指令格式：
> **ML**:选择项/航班号/日期
> **RT**:序号

例：提取本部门建立的某航班上的全部旅客记录。

```
＞ML:B/CA1501/6OCT
MULTI
CA1501 /06OCT B
PEKSHA
001 1LIANGYU PBJS3 Y RR1 BJS191 29SEP98 K T
002 1LINTONG NGC35 Y RR1 BJS191 30SEP98 K T
TOTAL NUMBER 2
 ＞RT:1
 1. 梁育 PBJS3
 2. CA1501 Y TU06OCT PEKSHA RR1 0840 1035
 3. BJS/T PEK/T 010-65538922/CHINA AIR SERVICE COMPANY/DONG SHU HUA ABC-DEFG
 4. T
 5. RMK CA/JCD4V
 6. FN/FCNY900.00/SCNY900.00/C4.00/ACNY900.00
 7. TN/999-6091714065/P1
 8. FP/CASH,CNY
 9. BJS191
```

四、根据航空公司记录编号提取 PNR

中国民航订座系统包括航班座位控制系统(ICS)和代理人分销系统(CRS)两部分。如果旅客在 ICS 直接订座生成 PNR,则在 CRS 中没有相应记录。这种情况下代理人如果想提取该记录,需要使用 RRT 指令。

RRT 指令分为两步:
- ➤ RRT:V 将所要提取的 PNR 显示在屏幕上;
- ➤ RRT:OK 使 PNR 在 CRS 生成,并生效。

指令格式:
- ➤ **RRT**:V/记录编号/航班/日期
- ➤ **RRT**:OK

例:现有航空公司系统记录编号 JZS19,无 CRS 记录编号。旅客来出票。

>RRT:V/JZS19/MU5110/10OCT
1. GAO/FENG
2. MU5110 Y SA10OCT PEKNKG HK1 1205 1335
3. NC
4. TL/1200/07OCT/SHA001
5. SHA001
 >RRT:OK
1. GAOFENG NDTRR
2. MU5110Y SA10OCT PEKNKG HK1 1205 1335
3. NC
4. TL/1200/7OCT/BJS191
5. RMK CA/JZS19
6. RMK CLAIM PNR ACK RECEIVED
7. BJS191
 >@
MU5110 Y SA10OCT PEKNKG HK1 1205 1335
NDTRR

【说明】
可以看到系统给出了 CRS 的记录编号 NDTRR,并且将 ICS 的记录编号 JZS19 记入了 RMK 项,说明该 PNR 在 CRS 已经生成,对应 ICS 的记录 JZS19,然后可进行其他处理。

五、提取完整的 PNR

PNR 在建立的过程中,有时会经过多次修改,工作人员对订座记录的任何修改都会记录在 PNR 中。RT 看到的 PNR 的内容是 PNR 的现行部分,我们先来看一下 PNR 的结构:
- ➤ PNR 的现行部分——RT 看到的 PNR 的内容;
- ➤ PNR 的历史部分——被修改过的 PNR 的内容。

若要查看完整的 PNR 的内容,可以使用 RTC 指令。

指令格式 1：

＞RT：C/记录编号

指令格式 2：

＞RT：记录编号

＞RT：C

例：提取 PNR MZ1YG 的完整内容。

> ＞RTC/MZ1YG
>
> 004 HDQCA 9983 0137 31JUL98 /RLC3
>
> 1．CHEN/XUFAN(001) MZ1YG
>
> 001 2．CA1321 K MO10AUG98PEKCAN RR1 0900 1200
>
> DR(001) RR(001)
>
> 001 3．BJS/T BJS/T 010-65128344/XH AIR THROUGH TRANSPORT
>
> SERVICE CO./YANG HONG PEI ABCDEFG
>
> 001 4．64012233
>
> 003 5．T/999-1124995051
>
> 002 6．RMK CA/H45VF
>
> 001 7．BJS233

【说明】

PNR 中每一项前面的序号(001，002，003，004)表示这一项是在第几次封口中加入的。从上面的 PNR 中可以看出：

➢ 第一步操作，所有序号为 001 的项，均是第一次封口时完成的，PNR 中加入了姓名组、航段组、代理人联系组和责任组；

➢ 第二步系统加入了 RMK 项；

➢ 第三步系统加入了票号项；

➢ 最上面的 004 项表示这个 PNR 的最后一次修改是第四步，并且标出了修改时间和工作号。

例：经过多次改动过的记录编号的全部内容。

> ＞RT：C/M99JJ
>
> 010 PEK1E 9986 0317 14JAN
>
> 1．黄飞虎(006) M99JJ
>
> 006 2．CA1301 C FR14JAN PEKCAN RR1 1450 1745
>
> NN(006) DK(006) HK(006) RR(008)
>
> 001 3．BJS/T BJS/T-010-65002266-8360/BJS HUI DA TICKET CHENCY/DU GANG
>
> 001 4．9069

008 5. T

005 6. RMK CA/KWTXV

006 7. FN/FCNY1760.00/SCNY1760.00/C3.00/ACNY1760.00

010 8. TN/999-6053660090/P1

006 9. FP/CASH,CNY

001 10. BJS324

＞PN：

001 BJS324 9644 1215 13JAN00

002 HDQCA 9983 1215 13JAN00 /RLC1

002/003 RMK CA/HZPM1

003 HDQCA 9983 0050 14JAN /2/SNC

001/004 CA1301 Y FR14JAN PEKCAN DL1 1450

NN(001) DK(001) HK(001) NO(003) DL(004)

004 BJS324 9644 0231 14JAN

005 HDQCA 9983 0231 14JAN /RLC4

001/006 C 1HUANG/FEIHU

004/006 CA1301 Y FR14JAN PEKCAN XX1 1450

NN(004) DK(004) HK(004) XX(006)

006 BJS324 9644 0237 14JAN

007 HDQCA 9983 0237 14JAN /RLC6

＞PN：

001/008 TL/1200/14JAN/BJS324

008 BJS324 9644 0317 14JAN I

009 HDQCA 9983 0317 14JAN /RLC8

006/010 FC/PEK CA CAN 1760.00CB CNY1760.00END

010 PEK1E 9986 0317 14JAN

【说明】

➤ 由 BJS324 的工作号为 9644 的工作人员在 GMT 时间 12：15，北京时间 20：15，13JAN00 第一次封口生效 PNR；

➤ 航空公司系统接收到订座电报，返回记录编号（RLC1），HDQCA 为 ICS 标识，9983 为系统工作号，时间是 2000 年 1 月 13 日，北京时间 20：15；

➤ 航空公司系统将座位取消的通知；

➤ 工作人员第一次建立的航段 CA1301，Y 舱，座位被航空公司系统 NO，现新建立一航段，取代原航段；

➤ 航空公司系统对新建立的航段的确认；

➤ 修改旅客姓名，再次修改航段，增加了 PNR 中的 FC、FN、FP 项；

➤ 航空公司系统对新建立的航段的确认；

➤ 由 BJS324 的工作号为 9644 的工作人员在 GMT 时间 03:17，北京时间 11:17，14JAN，将原 PNR 中出票时限取消；

➤ 航空公司系统对工作人员修改的确认；

➤ 自动出票后，系统将 FC 项保留在 PNR 的历史记录中，同时返回票号，9986 是系统内部工作号，负责传递票号。

例：PNR 中航段的情况。

```
＞RT:C
010 PEK1E 9986 0317 14JAN
1.黄飞虎(006) M99JJ
006 2. CA1301 C FR14JAN PEKCAN RR1 1450 1745
NN(006) DK(006) HK(006) RR(008)
001 3. BJS/T BJS/T-010-65002266-8360/BJS HUI DA TICKET CHENCY/DU GANG
001 4. 9069
008 5. T
005 6. RMK CA/KWTXV
006 7. FN/FCNY1760.00/SCNY1760.00/C3.00/ACNY1760.00
010 8. TN/999-6053660090/P1
006 9. FP/CASH,CNY
001 10. BJS324
```

【说明】

工作人员在第 6 步，以申请状态 NN 建立了该航段组，由于航班有座位，其状态由 NN 改变成为 DK，封口后变为 HK 状态；工作人员在第 8 步，将 HK 转为 RR 状态。

六、根据日期航段提取

指令格式：

＞AB:日期/航段

例：提取本 OFFICE 订 5 月 16 日，上海—北京段的旅客。

```
＞AB:16MAY/SHAPEK
AGENT BOOOKING LIST
16MAY
SHAPEK
001  0WANG/ER    HQ400F Y HX2   BJS999 CA1502   13MAY
002  0WANG/ER    HEFM03 Y HX1   BJS999 CA1502   11MAY
003  1ZHANG/SAN  HQ400G Y HK2   BJS999 CA1502   11MAY
004  1ZHANG/QIUYU  HQ400G Y HK2BJS999 CA1502   10MAY
TOTAL NUMBER   4
```

活动二 PNR 的取消

通过 XE 指令可以将整个 PNR 或 PNR 的部分项目取消。取消之前应先将该记录 RT 出来，确定要取消后，即可做该命令。可分三种取消指令格式。

一、取消 PNR 中的部分项目

指令格式：
＞**XE:项目序号**
例：现在旅客想要回程取消。

> ＞RT:MWDBQ
> 1. ZHANG/KE MWDBQ
> 2. SZ4516 Y MO01FEB SHACTU HK1 1040 1320
> 3. SZ4517 Y TU02FEB CTUSHA HK1 1040 1320
> 4. BJS/T PEK/T 010-65538922/CHINA AIR SERVICE COMPANY/DONG HUA
> 5. 64357823
> 6. TL/1200/25JAN/BJS191
> 7. RMK CA/JNDVY
> 8. BJS191
> ＞XE:3
> 1. ZHANG/KE MWDBQ
> 2. SZ4516 Y MO01FEB SHACTU HK1 1040 1320
> 3. BJS/T PEK/T 010-65538922/CHINA AIR SERVICE COMPANY/DONG SHU HUA
> 4. 64357823
> 5. TL/1200/25JAN/BJS191
> 6. RMK CA/JNDVY
> 7. BJS191
> ＞@
> SZ4516 Y TU01FEB SHACTU HK1 1040 1320
> MWDBQ

二、取消完整的 PNR

指令格式：
＞**XEPNR@**
例：旅客取消旅行，取消 PNR。

> ＞RT:NW972
> 1. 魏丽 NW972
> 2. CA1301 Y MO17JAN PEKCAN RR1 1450 1745

>RT:NW972
1. 魏丽 NW972
2. CA1301 Y MO17JAN PEKCAN RR1 1450 1745
3. BJS/T PEK/T- 010- 64679078/HAI XIA TRAVEL AGENCY TICKET OFFICE/FENG ZHU
4. SHUO KE FA
5. T
6. RMK CA/K5JX2
7. FN/FCNY1360.00/SCNY1360.00/C3.00/ACNY1360.00
8. TN/999-6051923394/P1
9. FP/CASH,CNY
10. BJS105
>XEPNR@
PNR CANCELLED NW972

三、取消 PNR 中的部分旅客

指令格式：

>XE:P 旅客序号

例：假设现有三人的旅客记录 M4MDS，旅客 LI/NING 取消行程，操作如下：

1. GAO/FENG 2. HAO/HAIDONG 3. LI/BING M4MDS
4. CA1301 Y SA10OCT PEKCAN HK3 1030 1310
5. BJS/T PEK/T 010-63406973/SHIPU TRAVE AGENCY/LIU DE PU ABCDEFG
6. C
7. TL/1200/8OCT/BJS123
8. RMK CA/JV3C6
9. BJS123
>XE P3
2. GAO/FENG 3. HAO/HAIDONG M4MDS
4. CA1301 Y SA10OCT PEKCAN HK2 1030 1310
5. BJS/T PEK/T 010-63406973/SHIPU TRAVE AGENCY/LIU DE PU ABCDEFG
6. C
7. TL/1200/8OCT/BJS123
8. RMK CA/JV3C6
9. SHA001
@

活动三 PNR 的修改

在日常工作中经常遇到对 PNR 进行修改的情况。

一、修改旅客姓名

指令格式：

＞旅客姓名的序号/所需修改的旅客人数 旅客姓名(特殊旅客代码)

例：假设现有三人的旅客记录 M4MDS，需要修改序号 1 旅客 GAO/FENG 的姓名为 XIE/FENG。

1. GAO/FENG 2. HAO/HAIDONG 3. LI/BING M4MDS
4. CA1301 Y SA10OCT PEKCAN HK3 1030 1310
5. BJS/T PEK/T 010-63406973/SHIPU TRAVE AGENCY/LIU DE PU ABCDEFG
6. C
7. TL/1200/8OCT/BJS123
8. RMK CA/JV3C6
9. BJS123
　＞1/1XIE/FENG
2. HAO/HAIDONG 3. LI/BING 4. XIE/FENG M4MDS
5. CA1301 Y SA10OCT PEKCAN HK3 1030 1310
6. BJS/T PEK/T 010-63406973/SHIPU TRAVE AGENCY/LIU DE PU ABCDEFG
7. C
8. TL/1200/8OCT/BJS123
9. RMK CA/JV3C6
10. SHA001

【说明】

➢ 未封口之前，旅客姓名的序号因修改姓名而发生了变化，封口后要重新排序。

➢ 修改姓名时若出现 NO Name Change for CZ/Y，是指航空公司限制修改姓名。

➢ 航空公司一般不允许在执行封口（@）指令后修改旅客的姓名，以避免售票员通过姓名的修改来虚占航班座位。所以如果姓名错误，售票员只能取消后，为旅客重建 PNR。

➢ 出错信息提示：

● ELE NBR　旅客序号不正确；

● INFANT　缺少婴儿标识；

● INVALID CHAR　姓名中存在非法字符，或终端参数设置有误；

● NAME LENGTH　姓名超长或姓氏少于两个字符；

● PLS NM1××××/×××××× 姓名中应加斜线(/)，或斜线数量不正确；

● SEATS　座位数与姓名数不符，可 RT 检查当前的 PNR；

● NO NAME CHANGE FOR MU/Y　某航空公司不允许修改姓名。

二、修改其他信息项

可以用"XE:序号"先取消,然后再增加新的内容。

例:以下 PNR 中的旅客想要将行程改为 2 月 2 日的 SZ4516 航班的 Y 舱。

```
＞RT MWDBQ
1. ZHANG/KE MWDBQ
2. MU5402 Y MO01FEB SHACTU HK1 1040 1320
3. BJS/T PEK/T 010-65538922/CHINA AIR SERVICE COMPANY/DONG SHU HUA
4. 64357823
5. TL/1200/25JAN/BJS191
6. RMK CA/JNDVY
7. BJS191
＞XE2
1. ZHANG/KE MWDBQ
2. BJS/T PEK/T 010-65538922/CHINA AIR SERVICE COMPANY/DONG SHU HUA
3. 64357823
4. TL/1200/25JAN/BJS191
5. RMK CA/JNDVY
6. BJS191
＞SS:SZ4516Y2FEBSHACTUNN1
@
SZ4516 Y TU02FEB SHACTU HK1 1040 1320
MWDBQ
```

三、PNR 中航段顺序调整

当预订一个有多个航段的记录时,系统会根据航班的日期、起飞时间、行程等信息,自动整理航段顺序,但在某些情况下,需要手工调整记录中的航段顺序,这时可以使用 CS 指令。

指令格式:

＞CS:序号/序号…

【格式说明】

序号:PNR 中航段的序号,将序号按新的顺序排列。

例:已有记录如下,序号 1 和序号 2 的航段无法连接,因此需要调整航段顺序。

```
1. CA5411 Y SU05DEC   SHACAN DK1   1000 1300   330 B 0   R E T3 - -
2. CA5410 Y WE01DEC   CANSHA DK1   1000 1300   777 B 0   R E - -T3
```

3. SHA/T SHA/T010-80885338/BEIJING ORIENT BLUE SKY INTERNATIONAL AVIATION SERVICE CO. LTD//GEXING ABCDEFG

　　4. SHA001

输入航段排列调整指令后：

　＞CS 2/1

　　1. CA5410 Y WE01DEC　CANSHA DK1　1000 1300　777 B 0　R E－－T3

　　2. CA5411 Y SU05DEC　SHACAN DK1　1000 1300　330 B 0　R E T3－－

　　3. SHA/T SHA/T010-80885338/BEIJING ORIENT BLUE SKY INTERNATIONAL AVIATION SERVICE CO. LTD//GEXING ABCDEFG

　　4. SHA001

【说明】

调整后，第1段和第2段行程对调。

四、占位航段合并

当预订了一个航段，在没有封口时，需要将这个航段合并到一个已经订妥的记录时，可以使用 ES 指令。

指令格式：

　＞ES：

例：预订一个航段。

　　1. CA5410 Y TH06MAY　CANSHA DK4　0800 1100　777 D 0　R E－－T3

　　3. SHA/T SHA/T010-80885338/BEIJING ORIENT BLUE SKY INTERNATIONAL AVIATION SERVICE CO. LTD//GEXING ABCDEFG

　　4. SHA001

提取一个已订妥的记录：

RT FT0TSN

　　1. TEST/TEST 2. TEST/TTTT 3. TEST/SSSS 4. TEST/WWWW　FT0TSN

　　5. CA5411 L　SA01MAY　SHACAN HK4　0800 1100　E T3－－

　　6. SHA/T SHA/T010-80885338/BEIJING ORIENT BLUE SKY INTERNATIONAL AVIATION SERVICE CO. LTD//GEXING ABCDEFG

　　7. TL/1800/30APR/SHA001

　＞ES：

　　1. TEST/TEST 2. TEST/TTTT 3. TEST/SSSS 4. TEST/WWWW　FT0TSN

　　5. CA5411 LSA01MAY　SHACAN HK4　0800 1100　E T3－－ 6. CA5410 Y TH06MAY CANSHA DK4　0800 1100　777 D 0　R E－－T3

　　7. BJS/TPEK/T-10108401/CACIHELPDESK

8. TL/1800/30APR/SHA001
9. SSR ADTK 1E BY SHA28APR17/0800 OR CXL CA5411 L01MAY
10. OSI CA CTCM13566667777/P1
11. RMK CA/ML47J6
12. SHA001

【特别说明】

在执行 ES 指令前必须先提取已订妥的记录,并且,单独预订的航段不能封口生成新的记录。

活动四　PNR 的还原

在前面的例子中我们已经知道,对 PNR 的所有修改在封口以后才真正生效,因此在修改 PNR 的时候,如果封口之前发现所做的修改不对,可以使用 IG 或 I 指令将 PNR 还原成未修改时的样子。

指令格式：

＞**IG 或 I**

例：有一 PNR 做过修改但未封口,现将其还原。

＞RT M01W6
1. TU/LIJUN M01W6
2. CZ3375 H WE10FEB CSXCAN HK1 0810 0855
3. BJS/T PEK/T 010-65538922/CHINA AIR SERVICE COMPANY/DONG SHU HUA
4. 76589234
5. TL/1000/01FEB/BJS191
6. RMK CA/HH49W
7. BJS191
　＞SS:CZ3613/Y/15FEB/CANSHA/NN1
1. TU/LIJUN M01W6
2. CZ3375 H WE10FEB CSXCAN HK1 0810 0855
3. CZ3613 Y MO15FEB CANSHA DK1 0750 0940 320 S 0
4. BJS/T PEK/T 010-65538922/CHINA AIR SERVICE COMPANY/DONG SHU HUA
5. 76589234
6. TL/1000/01FEB/BJS191
7. RMK CA/HH49W
8. BJS191
　＞IG
　＞RT:M01W6 IGNORED

【说明】

可以看到CZ3613的CANSHA航段已经被加入了PNR,状态是DK,但是现在还没有封口,PNR就没有最终完成。在这种情况下,如果不想将CZ3613航段加入PNR,而让PNR恢复原来的状态,可以使用IG指令将PNR还原。

系统的显示提示代理人PNR M01W6被还原了。提出PNR可以看到仍然只有一个航段。

```
>RT:M01W6
1. TU/LIJUN M01W6
2. CZ3375 H WE10FEB CSXCAN HK1 0810 0855
3. BJS/T PEK/T 010-65538922/CHINA AIR SERVICE COMPANY/DONG SHU HUA
4. 76589234
5. TL/1000/01F EB/BJS191
6. RMK CA/HH49W
7. BJS191
```

【说明】

与修改航段的道理一样,对PNR所做的其他修改(如改名字、改出票时限、PNR分离、取消部分旅客等),在封口之前,都可以用IG将其还原。

任务实施

分小组进行不同角色(旅客和工作人员)的扮演,按照旅客提出的要求,工作人员完成以下预订服务。

(1)成人旅客张伟计划国庆外出旅行,需预订10月1日上海—深圳的机票。要求东航上午10时后的直达航班头等舱F舱,请为其完成旅客订座记录的建立,并根据记录编号、旅客姓名、旅客名单提取该旅客的订座记录,后因旅客个人原因提出取消此预订。请为其完成操作。

(2)成人旅客陈琳计划元旦外出旅行,需要预订1月1日上海—北京的机票,要求国航15时后的直达航班经济舱最低价。请为其完成操作。并根据记录编号、旅客姓名、旅客名单提取该旅客的订座记录,后因旅客个人原因,要求将日期更改至1月2日,其他不变,请为其继续完成PNR的更改。

任务评价

请评价人员根据表3-3对任务实施情况进行评价。

任务实施评价表 表 3-3

评价标准	分值	自评(20%)	互评(20%)	师评(60%)
能根据旅客要求完成旅客订座记录的建立	20			
能利用 RT 指令,根据旅客订座记录编号提取旅客订座记录	15			
根据旅客姓名提取旅客订座记录	15			
根据旅客名单提取旅客订座记录	15			
能根据旅客最新要求,为其完成 PNR 取消/修改	15			
小组分工合作良好,能使用礼貌用语与旅客进行沟通	10			
能认真点评其他小组的情景模拟,并提出解决方案	10			
合计	100			
总评				

任务三
各种航程 PNR 的建立

任务清单

请根据任务清单完成本任务的学习。

课前预习	了解航程的分类,总结不同航程的区别与特点
课中学习	1. 掌握联程客票的预订
	2. 掌握来回程客票的预订
	3. 掌握缺口程客票的预订
	4. 掌握 OPEN 航程客票的预订
课后复习	1. 完成任务实施,加深对 PNR 提取、取消、还原、修改操作的掌握和应用
	2. 梳理本任务所学知识,总结知识重难点,完善学习笔记

任务引入

除了单程客票的预订外,在工作中往往还会遇到多航段客票的预订需求。一名成人旅客王琳提出预订5月1日上海—天津、5月3日天津—成都的机票,往返都要求国航最早的航班Y舱,作为工作人员,该如何在系统中为旅客完成客票的预订?

任务分析

多航程客票中包括了联程客票、来回程客票、缺口程客票和OPEN航程客票。对于建立多航段的PNR,航段组指令可多次使用,而且不同航段组指令可组合使用,建立不同航段的航程,但是姓名组、联系组和出票情况组,一个旅客只能输入一次。对于缺口程来说,只要前一个航班到达地三字代码与后一个航段出发地三字代码不一致,即便是同一城市的不同机场,就应输入SA指令。而OPEN航程的客票,通常PNR中第一个航段不能为OPEN航段。此外,除了航空公司内部优待免票外,只有OPEN航段,不能建立起PNR。

任务分解

活动一 联程客票PNR的建立

旅客的航程超过一个以上航班,需在某航班的中途站或终点站换乘另一个航班才能到达目的地,称之为联程。旅客预订联程航班时,在航班衔接地点,应为旅客留有足够时间办理衔接航班的换乘手续,以免衔接不上。每一机场对国内航班之间的最短衔接时间会有不同的要求,订座时应查核相关机场最短衔接时间。一般来说,联程航班的转机时间国内转国内要求时间间隔2h以上,国内转国际、国际转国际要求3h以上。如果建立在同一个PNR中,联程客票预订同一个航空公司的航班。

实例操作:

旅客王琳预订5月1日上海—天津、5月3日天津—成都的机票,往返都要求国航最早的航班Y舱,电话号码为13566777766。

第一步,查询第一航段航班并建立第一航段航班。

```
> AV H/SHATSN/1MAY/CA
01MAY(WED) SHATSN
1-  CA1656  DS# F6 CL YA BL MQ H9 K9 L2 Q4 G3   PVGTSN 0850  1110  73L 0 S  E
2   CA1534  DS# F8 C9 Y7 B1 M9 H3 KS LL QA G2   PVGTSN 1120  1345  738 0 S  E
> SD1Y1
```

1. CA1656 Y　WE01MAY　PVGTSN　DK1　0850　1110　73L S 0 ^ E T2－－

2. SHA/T SHA/T010－80885338/BEIJING ORIENT BLUE SKY INTERNATIONAL AVIATION SERVICE CO. LTD//GEXING ABCDEFG

3. SHA001

第二步,查询第二航段航班并建立第二航段航班。

＞AV H/TSNCTU/3MAY/CA

03MAY(FRI) TSNCTU

1 －　CA1427　DS# F9 C9 YA B6 M4 HA K9 LS QS GS　TSNCTU 0805　1105＋1 737 0 S　E

2　　CA1533　DS# F8 C4 Y7 B4 M6 HL K9 L9 Q9 G8　TSNPVG 0815　1015　738 0 S　E

3　　CA1947　DS# F4 CQ YQ BS ML HL KS LA QA G2　CTU　0745＋1 1120＋1 332 0 S　E

＞SD1Y1

1. CA1656 Y　WE01MAY　PVGTSN　DK1　0850　1110　73L S 0 ^ E T2－－

2. CA1427 Y　FR03MAY　TSNCTU　DK1　0805　1105　737 S 0 ^ E －－－－

3. SHA/T SHA/T010－80885338/BEIJING ORIENT BLUE SKY INTERNATIONAL AVIATION SERVICE CO. LTD//GEXING ABCDEFG

4. SHA001

第三步,输入旅客姓名。

＞NM1 王琳

1. 王琳

2. CA1656 Y　WE01MAY　PVGTSN　DK1　0850　1110　73L S 0 ^ E T2－－

3. CA1427 Y　FR03MAY　TSNCTU　DK1　0805　1105　737 S 0 ^ E －－－－

4. SHA/T SHA/T010－80885338/BEIJING ORIENT BLUE SKY INTERNATIONAL AVIATION SERVICE CO. LTD//GEXING ABCDEFG

5. SHA001

第四步,输入旅客联系方式。

＞OSI CA CTCM/13566777766/P1

1. 王琳

2. CA1656 Y　WE01MAY　PVGTSN　DK1　0850　1110　73L S 0 ^ E T2－－

3. CA1427 Y　FR03MAY　TSNCTU　DK1　0805　1105　737 S 0 ^ E －－－－

4. SHA/T SHA/T010－80885338/BEIJING ORIENT BLUE SKY INTERNATIONAL AVIATION SERVICE CO. LTD//GEXING ABCDEFG

5. OSI CA CTCM 13566777766/P1

6. SHA001

第五步,输入出票时限。

> TKTL/0650/01MAY/SHA001
1. 王琳
2. CA1656 Y MO01MAY PVGTSN HK1 0850 1110 73L S 0 ^ E T2 - -
3. CA1427 Y WE03MAY TSNCTU HK1 0805 1105 737 S 0 ^E - - - -
4. SHA/T SHA/T010 - 80885338/BEIJING ORIENT BLUE SKY INTERNATIONAL AVIA-
TION SERVICE CO. ,LTD//GEXING ABCDEFG
5. TL/0650/01MAY/SHA001
6. SSR ADTK 1E BY SHA01MAY23/ 0650 OR CXL CA1656 Y01MAY
7. OSI CA CTCM 13566777766/P1

第六步,封口。

> @
CA1656 Y WE01MAY SHATSN HK1 0850 1110
CA1427 Y FR03MAY TSNCTUHK1 0805 1105
H3SUJ1
＊＊＊预订酒店指令 HC,详情 ▶ HC:HELP   ＊＊＊

活动二　来回程客票 PNR 的建立

来回程是指去程和回程两个航段。由于客票都是按照顺序使用,因此来回程航班的次序不能颠倒,如果建立在同一个 PNR 中,来回程客票必须预订同一个航空公司的航班,查询回程航段的航班时,可以使用 RA 指令。如果来回程不是同一个航空公司,必须分两个 PNR 以两个单程的形式完成。本活动主要以来回程为同一航空公司的 PNR 的学习。

实例操作:

旅客陈芳预订 4 月 20 日南京—成都国航最晚一班直达航班 Y 舱和 4 月 25 日成都—南京国航最晚一班直达航班 Y 舱,电话号码为 13566554455。

第一步,查询第一航段航班并建立第一航段航班。

> AV H/NKGCTU/20APR/CA
20APR(SAT) NKGCTU
1 -   CA4506   DS# FA C2 YA B7 M4 H6 K9 LA Q4 G6   NKGCTU 1145 1430 319 0 S E
2   CA4518   DS# F2 C7 YA BA ML HA K1 LS Q9 GL   NKGCTU 2015 2250 319 0 S E
3   CA1820   DS# FS C9 Y2 BQ ML H9 KA L2 Q3 G8   NKGPEK 0805 1000 +1738 0 S E
> SD2Y1
1. CA4518 Y SA20APR NKGCTU DK1 2015 2250 319 S 0 ^ E - - - -

2. SHA/T SHA/T010 – 80885338/BEIJING ORIENT BLUE SKY INTERNATIONAL AVIATION SERVICE CO. LTD//GEXING ABCDEFG

3. SHA001

第二步,查询第二航段航班并建立第二航段航班。

> AV H/CTUNKG/25APR/CA

25APR(THU) CTUNKG

1   CA4505   DS# F2 CA Y4 B1 ML HA KS LS QL GS   CTUNKG 0840   1040   32S 0 S   E

2   CA4517   DS# F9 C4 Y6 B4 MA H1 K9 L5 QA G6   CTUNKG 1710   1915   32S 0 S   E

3   CA4113   DS# F4 C9 Y9 BS MQ HS K9 LS QA G4   CTUPEK 0805   1035 +1 321 0 S   E

4   CA1507   DS# F9 CL Y9 B9 M1 H2 K2 L1 QQ GL   NKG 0745 +1 0945 +1 757 0 S   E

> SD1Y1

1. CA4518 Y   SA20APR   NKGCTU   DK1   2015   2250   319 S 0 ^ E – – – –

2. CA4505 Y   TH25APR   CTUNKG   DK1   0840   1040   32S S 0 ^ E – – – –

3. SHA/T SHA/T010 – 80885338/BEIJING ORIENT BLUE SKY INTERNATIONAL AVIATION SERVICE CO. LTD//GEXING ABCDEFG

4. SHA001

第三步,输入旅客姓名。

> NM1 陈芳

1. 陈芳

2. CA4518 Y   SA20APR   NKGCTU   DK1   2015   2250   319 S 0 ^ E – – – –

3. CA4505 Y   TH25APR   CTUNKG   DK1   0840   1040   32S S 0 ^ E – – – –

4. SHA/T SHA/T010 – 80885338/BEIJING ORIENT BLUE SKY INTERNATIONAL AVIATION SERVICE CO. LTD//GEXING ABCDEFG

5. SHA001

第四步,输入旅客联系方式。

> OSI CA CTCM/13566554455/P1

1. 陈芳

2. CA4518 Y   SA20APR   NKGCTU   DK1   2015   2250   319 S 0 ^ E – – – –

3. CA4505 Y   TH25APR   CTUNKG   DK1   0840   1040   32S S 0 ^ E – – – –

4. SHA/T SHA/T010 – 80885338/BEIJING ORIENT BLUE SKY INTERNATIONAL AVIATION SERVICE CO. LTD//GEXING ABCDEFG

5. OSI CA CTCM 13566554455/P1

6. SHA001

第五步,输入出票时限。

```
>TKTL/1815/20APR/SHA001
1.陈芳
2. CA4518  Y  TH20APR  NKGCTU  HK1  2015  2250  319 S 0 ^ E - - - -
3. CA4505  Y  TU25APR  CTUNKG  HK1  0840  1040  32S S 0 ^ E - - - -
4. SHA/T SHA/T010 - 80885338/BEIJING ORIENT BLUE SKY INTERNATIONAL AVIA-
TION SERVICE CO. ,LTD//GEXING ABCDEFG
5. TL/1815/20APR/SHA001
6. SSR ADTK 1E BY SHA20APR23/ 1815 OR CXL CA4518 Y20APR
```

第六步,封口。

```
> @
CA4518   Y SA20APR   NKGCTU HK1   2015   2250
CA4505   Y TH25APR   CTUNKG HK1   0840   1040
LMYD3C
```

活动三 缺口程客票 PNR 的建立

在预订时并不一定要求航段的连续性,只要日期时间上没有冲突,就可以进行预订。但在出票时,航程有断点不连续的话,可能无法输入运价出票的,这就需要通过 SA 指令,预订一个到达情况不明的航段,将断点连接,但连接的航段不在有效航程范围内,不占座,只是作为信息通知工作人员,为旅客预留联程航班的座位;或者为了保证 PNR 中的航段的连续性,便于打票。对于这种航段,我们可以称之为地面运输航段。这种在飞行旅程中,在到达目的地之前中间有一段地面运输的情况称为缺口程。SA 指令是建立信息航段,建立在同一个 PNR 中,缺口程客票必须预订同一个航空公司的航班。

指令格式:
>SA:始发城市目的地城市对

实例操作:

旅客陈芳预订 4 月 20 日 CA1534 航班从上海—天津、4 月 25 日 CA1557 航班北京—上海的航班,往返都是 F 舱,电话号码为 13566554455。

第一步,查询第一航段航班并建立第一航段航班。

```
> AV H/SHATSN/20APR/CA
20APR(SAT) SHATSN
1 -   CA1656   DS# F5 C7 Y8 B8 MQ HA K2 L9 QS GA   PVGTSN 0850   1110   73L 0 S   E
2   CA1534   DS# F6 C6 Y9 BL MS HQ K9 L5 Q6 G1   PVGTSN 1120   1345   738 0 S   E
3   CA1893   DS# F3 C3 YS BL MS HS K9 L5 QA G3   PVGSZX 0710   1000   332 0 S   E
4   CA1372   DS# F9 CQ YL BL MQ HQ KS L9 Q6 G5   TSN 1305   1615   737 0 S   E
```

>SD2F1 1. CA1534 F SA20APR PVGTSN DK1 1120 1345 738 S 0 ^ E T2 - -

2. SHA/T sha/T010 - 80885338/BEIJING ORIENT BLUE SKY INTERNATIONAL AVIATION SERVICE CO. LTD//GEXING ABCDEFG

3. SHA001

第二步,查询第二航段航班并建立第二航段航班。

>AV H/PEKPVG/25APR/CA
25APR(THU) BJSSHA
1 -   CA155   DS# F4 C1 Y6 B9 M3 H1 KQ LQ Q9 GA   PEKPVG 0715   0930   738 0 S   E
2   CA1831   DS# F8 C3 YQ BS MA HA K9 L5 Q5 G1   PEKPVG 0730   0940   789 0 S   E
3   CA1501   DS# FS CL YQ BA MQ H9 K7 L8 Q6 G8   PEKPVG 0830   1040   789 0 S   E
4   CA1531   DS# FQ CL YL BL M9 HQ KA L3 QL GA   PEKPVG 1030   1240   789 0 S   E
5   CA1557   DS# F6 C1 Y2 BA M3 H9 K9 L5 Q3 G9   PEKPVG 11301340   773 0 S   E
>SD5F1
1. CA1534 F SA20APR PVGTSN DK1 1120 1345 738 S 0 ^ E T2 - -
2. CA1557 F TH25APR PEKPVG DK1 1130 1340 773 S 0 ^ E T3T2
3. SHA/T SHA/T010 - 80885338/BEIJING ORIENT BLUE SKY INTERNATIONAL AVIATION SERVICE CO. LTD//GEXING ABCDEFG
4. SHA001

第三步,输入缺口程信息。

>SA TSNPEK
1. CA1534 F SA20APR PVGTSN DK1 1120 1345 738 S 0 ^ E T2 - -
2. ARNK   TSNPEK
3. CA1557 F TH25APR PEKPVG DK1 1130 1340 773 S 0 ^ E T3T2
4. SHA/T SHA/T010 - 80885338/BEIJING ORIENT BLUE SKY INTERNATIONAL AVIATION SERVICE CO. LTD//GEXING ABCDEFG
5. SHA001

第四步,输入旅客姓名。

>NM1 陈芳
1. 陈芳
2. CA1534 F SA20APR PVGTSN DK1 1120 1345 738 S 0 ^ E T2 - -
3. ARNK   TSNPEK
4. CA1557 F TH25APR PEKPVG DK1 1130 1340 773 S 0 ^ E T3T2

5. SHA/T SHA/T010-80885338/BEIJING ORIENT BLUE SKY INTERNATIONAL AVIATION SERVICE CO. LTD//GEXING ABCDEFG
6. SHA001

第五步，输入旅客联系方式。

> OSI CA CTCM/13566554455/P1
1. 陈芳
2. CA1534 F SA20APR PVGTSN DK1 1120 1345 738 S 0 ^ E T2 - -
3. ARNK TSNPEK
4. CA1557 F TH25APR PEKPVG DK1 1130 1340 773 S 0 ^ E T3T2
5. SHA/T SHA/T010-80885338/BEIJING ORIENT BLUE SKY INTERNATIONAL AVIATION SERVICE CO. ,LTD//GEXING ABCDEFG
6. OSI CA CTCM 13566554455/P1

第六步，输入出票时限。

> TKTL/0920/20APR/SHA001
1. 陈芳
2. CA1534 F TH20APR PVGTSN HK1 1120 1345 738 S 0 ^ E T2 - -
3. ARNK TSNPEK
4. CA1557 F TU25APR PEKPVG HK1 1130 1340 773 S 0 ^ E T3T2
5. SHA/T SHA/T010-80885338/BEIJING ORIENT BLUE SKY INTERNATIONAL AVIATION SERVICE CO. ,LTD//GEXING ABCDEFG
6. TL/0920/20APR/SHA001
7. SSR ADTK 1E BY SHA20APR23/ 0920 OR CXL CA1534 F20APR

第七步，封口。

> @
CA1534 F SA20APR SHATSN HK1 1120 1345
CA1557 F TH25APR BJSSHA HK1 1130 1340
L2TYC5

【说明】
CONTINUITY:PNR 中的航段不连续，需要使用 SA 指令连接中间的地面运输段，再封口。

活动四　不定期客票 PNR 的建立

在客票中，还可能遇到旅客在购票时无法确定行程日期，导致航班不确定的情况，这个时候可以为客户建立不定期航段,这也是有效航程,可以出票。对于这样的航段,我们称之为 OPEN 航段。作为不定期航段,必须确认的内容是航段和舱位,其他内容可以置为不确定信息,如航空公司、旅行日期。

格式指令:

＞SN:航空公司代号/舱位等级/航段

实例操作:

旅客陈芳预订 12 月 1 日国航北京—广州第一个航班 F 舱的客票,回程广州—北京为国航的 F 舱 OPEN,电话号码为 13566554455。

第一步,查询第一航段航班并建立第一航段航班。

```
＞AV H/PEKCAN/1DEC/CA
01DEC(FRI) BJSCAN
1- CA1351   DS# FA C6 Y9 B9 MQ HS K9 LL QA G2   PEKCAN 0805   1100 +1 333 0 S   E
  2 CA1321 DS# F3 C9 Y2 B2 M2 H7 K5 L8 QQ   PEKCAN 09001200   330 0 S   E
  3 CA1315 DS# F9 C9 YA BQ ML HA K8 LS Q9   PEKCAN 1100   1400   330 0 S   E
  4 CA1339  DS# F8 C2 Y7 B9 M7 H3 K2 L9 Q6 G9   PEKCAN 1200   1500   321 0 S   E
＞SD1F1
1.   CA1351 F   FR01DEC   PEKCAN   DK1   0805   1100   333 S 0 ^ E T3 - -
2. SHA/T SHA/T010-80885338/BEIJING ORIENT BLUE SKY INTERNATIONAL AVIATION SERVICE CO. LTD//GEXING ABCDEFG
3. SHA001
```

第二步,输入回程 OPEN 航段。

```
＞SN:CA/F/CANPEK
1. CA1351 F   FR01DEC   PEKCAN   DK1   0805   1100   333 S 0 ^ E T3 - -
2. CA   OPEN   F   CANPEK
3. SHA/T SHA/T010-80885338/BEIJING ORIENT BLUE SKY INTERNATIONAL AVIATION SERVICE CO. LTD//GEXING ABCDEFG
4. SHA001
```

第三步,输入旅客姓名。

```
＞NM1 陈芳
1. 陈芳
2. CA1351 F   FR01DEC   PEKCAN   DK1   0805   1100   333 S 0 ^ E T3 - -
3. CA   OPEN   F   CANPEK
4. SHA/T SHA/T010-80885338/BEIJING ORIENT BLUE SKY INTERNATIONAL AVIATION SERVICE CO. LTD//GEXING ABCDEFG
5. SHA001
```

第四步，输入旅客联系方式。

> OSI CA CTCM/13566554455/P1

1. 陈芳
2. CA1351 F FR01DEC PEKCAN DK1 0805 1100 333 S 0 ^ E T3 - -
3. CA OPEN F CANPEK
4. SHA/T SHA/T010-80885338/BEIJING ORIENT BLUE SKY INTERNATIONAL AVIATION SERVICE CO. ,LTD//GEXING ABCDEFG
5. OSI CA CTCM 13566554455/P1
6. SHA001

第五步，输入出票时限。

> TKTL 0605/1DEC/SHA001

1. 陈芳
2. CA1351 F FR01DEC PEKCAN HK1 0805 1100 333 S 0 ^ E T3 - -
3. CA OPEN F CANPEK
4. SHA/T SHA/T010-80885338/BEIJING ORIENT BLUE SKY INTERNATIONAL AVIATION SERVICE CO. LTD//GEXING ABCDEFG
5. TL/0605/01DEC/SHA001
6. SSR ADTK 1E BY SHA01DEC23/ 0605 OR CXL CA1351 F01DEC

第六步，封口。

> @
CA1351 F FR01DEC BJSCAN HK1 0805 1100
CA OPEN F CANBJS
HUTP1C

【说明】

➢ 只有 OPEN 航段不能建立起 PNR。

➢ 国内票时，有些航空公司不允许代理人出 OPEN 票，工作人员应根据航空公司的规定进行操作。

➢ 出错信息提示：

● CITY PAIR 城市或城市对输入不正确；

● AIRLINE 航空公司代码不正确。

任务实施

分小组进行不同角色(旅客和工作人员)的扮演，按照旅客提出的要求，工作人员完成以下预订服务：

(1)请为张伟预订11月5日济南—深圳、11月10日深圳—南京的航班,航班要求是东航下午3时后直达航班头等舱F舱。证件信息和联系电话自拟。

(2)请为张伟预订12月10日上海—青岛、12月15日青岛—上海的航班,往返均要求是国航最早一班直达航班经济舱最低价格,证件信息和联系电话自拟。

(3)请为张伟预订12月28日上海—北京、12月31日天津—上海的航班,航班均要求是东航中午12时后直达航班Y舱,证件信息和联系电话自拟。

(4)请为张伟预订1月1日上海—成都国航上午10时后直达航班经济舱最低价格舱位,回程成都—上海国航Y舱OPEN,证件信息和联系电话自拟。

任务评价

请评价人员根据表3-4对上述任务实施情况进行评价。

任务实施评价表　　　　　　　　　　　　　　　表3-4

评价标准	分值	自评(20%)	互评(20%)	师评(60%)
能根据旅客要求查询航班并建立航段	25			
能利用NM指令为旅客建立姓名组	10			
利用OSI指令建立旅客联系组信息	10			
能利用TKTL指令设定出票时限	15			
能封口旅客订座记录并生效	15			
小组分工良好,能使用礼貌用语与旅客进行沟通	15			
能认真点评其他小组的情景模拟,并提出解决方案	10			
合计	100			
总评				

任务四
特殊旅客PNR的建立

任务清单

请根据任务清单完成本任务的学习。

课前预习	收集整理国航、东航、南航对特殊旅客客票预订的一般规则
课中学习	1. 掌握多人客票的预订操作
	2. 掌握儿童客票的预订操作
	3. 掌握婴儿客票的预订操作
	4. 掌握特殊服务客票的预订操作
课后复习	1. 完成任务实施,加深对特殊旅客客票预订操作的掌握和应用
	2. 梳理本任务所学知识,总结知识重难点,完善学习笔记

任务引入

除了完成单个普通成人旅客客票的预订外,在工作中,我们还经常会遇到与家人、朋友一起出行的旅客,其中还会有儿童旅客、婴儿旅客,以及有特殊服务需求的旅客。旅客王琳带一名婴儿王小宝(2023 年 5 月 6 日出生)出行,要求预订 7 月 1 日南京—成都的客票,并且申请一份特殊餐食 FPML,作为工作人员,该如何为她们在系统中完成预订操作呢?

任务分析

在操作时,对于多人散客来说,不管输入几位旅客,旅客姓名前的数字一般都为 1,订座的座位数应与 NM 中旅客的人数一致。输入特殊身份的旅客,只需在旅客姓名后跟上特殊服务的代码。婴儿旅客由于不占机上座位,其姓名组的建立使用 XN 指令。有特殊服务组需求的旅客,需使用 SSR 指令申请特殊服务,该指令应在姓名组和航段组之后输入,且 SSR 只是申请特殊服务,不一定能申请到,若要查看航空公司是否已批准,需提取 PNR 查看是否申请指令是否回复为"KK",值得一提的是,SSR 在 PNR 生效前输入可以;在 PNR 生效后,提取 PNR 后再输入也可以,SSR 起到通知航空公司在某一航班有特殊服务的作用,方便航空公司及时做好准备。因此地面运输段不涉及航空公司,不能用 SSR 申请特殊服务。不定期航段因未确定乘机日期,也无须通知,待航班确定之后可再申请。

任务分解

活动一 多人散客客票 PNR 的建立

一、多人散客客票的建立

散客订座记录中最大的旅客数为 9 人,NM 指令最多输入 9 人。10 人及以上的旅客叫团体旅客。在多人散客订座建立姓名组时,每一个旅客在姓名前需要用"1"隔开。输出的旅客姓名排列的位置按照姓氏的字母顺序排列,姓名前的序号按输入的先后顺序分配。在 PNR 封口后,姓名前序号按姓氏的字母顺序重新排列。建立航段时注意座位数和旅客人数相同,身份证号码需要按照对应的旅客输入,因此旅客后面要加"/Pn"。

实例操作:

旅客王琳和陈芳预订 4 月 20 日杭州—北京最早一班 Y 舱的客票,王琳的电话号码为 13566777766,陈芳的电话号码为 13566554455。

第一步,查询航班并建立航段。

> AV H/HGHPEK/20APR/CA
20APR(SAT) HGHBJS
1- CA1703 DS# F9 C2 Y8 B9 M1 HL KS LL QL GA HGHPEK 0900 1055 320 0 S E
2 CA1711 DS# FL CQ YS BL MS H9 KS LL QL HGHPEK 0955 1155 320 0 S E
> SD1Y2
1. CA1703 Y SA20APR HGHPEK DK2 0900 1055 320 S 0 ^ E – – T3
2. SHA/T SHA/T010- 80885338/BEIJING ORIENT BLUE SKY INTERNATIONAL AVIA-TION SERVICE CO. LTD//GEXING ABCDEFG
3. SHA001

第二步,输入旅客姓名。

> NM1 王芳 1 陈琳
2. 陈琳   1. 王芳
3. CA1703 Y SA20APR HGHPEK DK2 0900 1055 320 S 0 ^ E – – T3
4. SHA/T SHA/T010- 80885338/BEIJING ORIENT BLUE SKY INTERNATIONAL AVIA-TION SERVICE CO. LTD//GEXING ABCDEFG
5. SHA001

第三步,输入旅客联系方式。

> OSI CA CTCM/13566777766/P1
2. 陈琳   1. 王芳
3. CA1703 Y SA20APR HGHPEK DK2 0900 1055 320 S 0 ^ E – – T3
4. SHA/T SHA/T010- 80885338/BEIJING ORIENT BLUE SKY INTERNATIONAL AVIA-TION SERVICE CO. ,LTD//GEXING ABCDEFG
5. OSI CA CTCM 13566777766/P1
6. SHA001

> OSI CA CTCM/13566554455/P2

2.陈琳　1.王芳

3. CA1703　Y　SA20APR　HGHPEK　DK2　0900　1055　320 S 0 ^ E – – T3

4. SHA/T SHA/T010-80885338/BEIJING ORIENT BLUE SKY INTERNATIONAL AVIA-TION SERVICE CO. LTD//GEXING ABCDEFG

5. OSI CA CTCM 13566777766/P1

6. OSI CA CTCM 13566554455/P2

7. SHA001

第四步,输入出票时限。

> TKTL/0700/20APR/SHA001

1.陈琳　2.王芳

3. CA1703　Y　TH20APR　HGHPEK　HK2　0900　1055　320 S 0 ^ E – – T3

4. SHA/T SHA/T010-80885338/BEIJING ORIENT BLUE SKY INTERNATIONAL AVIA-TION SERVICE CO. LTD//GEXING ABCDEFG

5. TL/0700/20APR/SHA001

6. SSR ADTK 1E BY SHA20APR23/ 0700 OR CXL CA1703 Y20APR

第五步,封口。

> @

CA1703　Y SA20APR　HGHBJS HK2　0900　1055

H8JZBR

＊＊＊预订酒店指令 HC,详情　▶ HC:HELP　＊＊＊

二、多人散客客票订座记录的分离

SP 指令用于将 PNR 中的一个或几个旅客分离出来。有时 PNR 中的部分旅客要更改航程,这时就要用到 SP 指令将这部分旅客分离出来生成一个新的 PNR 进行修改,而将其他旅客保留在原 PNR 中。

用 SP 指令分离 PNR 有几种格式,这里主要介绍非团体 PNR 的分离。

指令格式:

> **SP:**旅客序号/旅客序号

实例操作:

例:有一3 人的 PNR,现要分离出二人。

第一步,提取 PNR。

> RT MS5RV
1. HAO/HAIDONG 2. LI/BING 3. XIE/FENG MS5RV
4. MU5118 Y TU20OCT PEKTNA HK3 1050 1130
5. BJS/T PEK/T 010-65538922/CHINA AIR SERVICE COMPANY/DONG SHU
6. NC
7. TL/1200/15OCT/BJS191
8. RMK CA/H85NJ
9. BJS191

第二步,分离 PNR。

> SP:1/3
1. HAO/HAIDONG 2. XIE/FENG
3. MU5118 Y TU20OCT PEKTNA HK2 1050 1130
4. BJS/T PEK/T 010-65538922/CHINA AIR SERVICE COMPANY/DONG SHU
5. NC
6. TL/1200/15OCT/BJS191
7. RMK CA/H85NJ
8. BJS191

第三步,封口。

> @
MU5118 Y TU20OCT PEKTNA HK2 1050 1130
MS6XS SPLIT FROM MS5RV

可以看到新 PNR MS6XS 被从 PNR MS5RV 中分离出来。
提出新 PNR,有 HAO/HAIDONG 和 XIE/FENG 两人。

> RT MS6XS
1. HAO/HAIDONG 2. XIE/FENG MS6XS
3. MU5118 Y TU20OCT PEKTNA HK2 1050 1130
4. BJS/T PEK/T 010-65538922/CHINA AIR SERVICE COMPANY/DONG SHU
5. NC
6. TL/1200/15OCT/BJS191
7. RMK CA/H874K
8. BJS191

在 PNR MS5RV 中只剩 LI/BING 一人。

```
>RT MS5RV
1. LI/BING MS5RV
2. MU5118 Y TU20OCT PEKTNA HK11050 1130
3. BJS/T PEK/T 010-65538922/CHINA AIR SERVICECOMPANY/DONG SHU
4. NC
5. TL/1200/15OCT/BJS191
6. RMK CA/H85NJ
7. BJS191
```

【说明】

有一些系统中规定,某些航班只允许分离一次,因此,PNR 中存在这些航段时,该 PNR 只允许分离一次,若仍有旅客需要更改行程,只能为其重新建立新的记录,或者向航信提出申请。

活动二 儿童客票 PNR 的建立

儿童旅客是指开始运输之日年龄已满 2 周岁,不满 12 周岁的乘客。儿童客票按照成人全价的 50% 购买,与成人具有相同的免费行李额。儿童订座时通常需要在儿童姓名后加 CHD,但也有航空公司不加 CHD,但都须要有儿童申请项"SSR CHLD YY HK1 出生日月年/Pn"。需要特别说明的是,每个航空公司只需要一个儿童申请项,若记录中输入的是身份证信息,则系统会根据身份信息中的年龄,自动生成对应的 SSR CHLD 儿童申请项,多航段记录中有航段超龄时不自动添加。

实例操作:

旅客陈晓晓(2021 年 5 月 1 日出生),预订 5 月 8 日上海—成都 CA4504 航班 Y 舱,电话号码 13544556677。

第一步,查询航班并建立航段。

```
>AV H/SHACTU/8MAY/CA
08MAY(WED) SHACTU
1- CA1947   DS# FL CQ Y9 BA M8 H9 KA L4 Q6 G9    PVGCTU 0745   1120   332 0 S   E
2  CA4592   DS# F6 C8 Y9 BL MA H6 K6 L9 Q9 G9    PVGCTU 0920   1305   320 0 S   E
3  CA4516   DS# F3 C5 Y9 B9 M6 H9 KQ LL QQ GQ    PVGCTU 1145   1520   333 0 S   E
4  CA4504   DS# F3 C3 Y6 B9 MQ HL KQ LS QL GQ    PVGCTU 1155   1535   321 0 S   E
>SD4Y1
1. CA4504 Y  WE08MAY  PVGCTU   DK1   1155   1535   321 S 0 ˆ E T2T2
2. SHA/T SHA/T010-80885338/BEIJING ORIENT BLUE SKY INTERNATIONAL AVIATION SERVICE CO.LTD//GEXING ABCDEFG
3. SHA001
```

第二步，输入儿童姓名。

> NM1 陈晓晓 CHD

1. 陈晓晓 CHD

2. CA4504 Y WE08MAY PVGCTU DK1 1155 1535 321 S 0 ^ E T2T2

3. SHA/T SHA/T010-80885338/BEIJING ORIENT BLUE SKY INTERNATIONAL AVIATION SERVICE CO. LTD//GEXING ABCDEFG

4. SHA001

第三步，输入儿童联系方式。

> OSI CA CTCM/13544556677/P1

1. 陈晓晓 CHD

2. CA4504 Y WE08MAY PVGCTU DK1 1155 1535 321 S 0 ^ E T2T2

3. SHA/T SHA/T010-80885338/BEIJING ORIENT BLUE SKY INTERNATIONAL AVIATION SERVICE CO. ,LTD//GEXING ABCDEFG

4. OSI CA CTCM 13544556677/P1

5. SHA001

第四步，输入出票时限。

> TKTL 0955/08MAY/SHA001

1. 陈晓晓 CHD

2. CA4504 Y MO08MAY PVGCTU HK1 1155 1535 321 S 0 ^ E T2T2

3. SHA/T SHA/T010-80885338/BEIJING ORIENT BLUE SKY INTERNATIONAL AVIATION SERVICE CO. LTD//GEXING ABCDEFG

4. TL/0955/08MAY/SHA001

5. SSR CHLD CA HK1/01MAY22/P1

6. SSR ADTK 1E BY SHA08MAY23/ 0955 OR CXL CA4504 Y08MAY

第五步，输入儿童申请。

> SSR CHLD CA HK1/01MAY22/P1

1. 陈晓晓 CHD

2. CA4504 Y WE08MAY PVGCTU DK1 1155 1535 321 S 0 ^ E T2T2

3. SHA/T SHA/T010-80885338/BEIJING ORIENT BLUE SKY INTERNATIONAL AVIATION SERVICE CO. ,LTD//GEXING ABCDEFG

4. SSR CHLD CA HK1/01MAY22/P1

5. OSI CA CTCM 13544556677/P1

6. SHA001

第六步,封口。

> @
CA4504　Y WE08MAY　SHACTU HK1　1155　1535
L3NZ1W

【说明】
➢ 儿童订座订 Y 舱,如果与成人不是同一舱位时,需要分开预订 PNR,并备注同行成人 PNR。
➢ 手工加入 RMK 备注组的格式:>RMK:备注组类型 自由格式文本/旅客标识,例如:RMK TRVL WZ ADT PNR/HH4VGF。除了手工输入备注组,系统也会自动加入 RMK 备注组,其格式:>RMK:航空公司代码/航空公司相对应的记录编号,例如:PNR 中有系统自动反馈航空公司记录编号。
➢ 年龄满 5 周岁,未满 12 周岁的儿童且无成人陪伴乘机,应在购买机票前向承运人提出申请,并经承运人同意后,将其列为无成人陪伴儿童。并按照实际承运人的相关规定,由其监护人支付其实际航空旅行费用。同时在订座记录的姓名后加(年龄 UM),并且须输入 UM 服务指令"SSR　UMNR YY NN1/城市对 航班号 舱位 航班起飞日期/文本/Pn/Sn"。

活动三　婴儿客票 PNR 的建立

婴儿旅客是指自开始运输之日年龄已满 14 天,但未满 2 周岁的乘客。按照成人全价的 10%购票,航空公司不提供座位。如有单独需要占用座位的,应按照儿童票办理。当一名成人旅客偕同同行的婴儿旅客名额多于一个时,其中只有一名婴儿可购买婴儿票,超过名额的婴儿应按照实际人数购买儿童票,航空承运人提供其座位。

婴儿姓名输入指令:
>XN:IN/婴儿名 INF(出生月年)/Pn
婴儿申请输入指令:
>SSR INFT YY NN1 城市对 航班号 舱位 航班起飞日期 婴儿姓/婴儿名 出生日期/自由文本/P#/S#
【格式说明】
➢ INFT:婴儿座位申请;
➢ YY:输入 YY,系统会根据 PNR 中航段自动套用代码;
➢ NN1:申请代码与数量,固定格式;
➢ 城市对 航班号 舱位 航班起飞日期:可以省略,在最后以 S#方式指定订单中的航段序号;
➢ 出生日期:DDMMMYY,日月年格式;
➢ P#:婴儿所跟成人序号;

➢ S#:航段序号。

实例操作：

旅客王琳带一婴儿王小宝(2023年5月6日出生)预订7月1日南京—成都的客票,王琳身份证号码为3201081990XXXX0110,电话号码为13566777766。

第一步,查询航班并建立航段。

> AV H/NKGCTU/1JUL/CA
01JUL(MON) NKGCTU
1- CA4506　DS# FS CL YA BS MQ HL KS L9 QS GA　NKGCTU 1145　1430　319 0 S　E
2　CA4518　DS# FL CQ YS BQ M9 H4 K2 LQ QL G9　NKGCTU 2015　2250　319 0 S　E
3　CA1820　DS# FS CQ YQ BA M1 H5 K9 L2 Q8 GS　NKGPEK 0805　1000＋1 738 0 S　E
4　CA4102　DS# F7 C1 YS BS MS HQ KQ LS Q9 G3　CTU 1100　1355　757 0 S　E
> SD1Y1
1. CA4506 Y　MO01JUL　NKGCTU　DK1　1145　1430　319 S 0 ^ E － － － －
2. SHA/T SHA/T010-80885338/BEIJING ORIENT BLUE SKY INTERNATIONAL AVIA-TION SERVICE CO. ,LTD//GEXING ABCDEFG
3. SHA001

第二步,输入成人旅客姓名。

> NM1 王琳
1. 王琳
2. CA4506 Y　MO01JUL　NKGCTU　DK1　1145　1430　319 S 0 ^ E － － － －
3. SHA/T SHA/T010-80885338/BEIJING ORIENT BLUE SKY INTERNATIONAL AVIA-TION SERVICE CO. ,LTD//GEXING ABCDEFG
4. SHA001

第三步,输入旅客联系方式。

> OSI CA CTCM/13566777766/P1
1. 王琳
2. CA4506 Y　MO01JUL　NKGCTU　DK1　1145　1430　319 S 0 ^ E － － － －
3. SHA/T SHA/T010-80885338/BEIJING ORIENT BLUE SKY INTERNATIONAL AVIA-TION SERVICE CO. ,LTD//GEXING ABCDEFG
4. OSI CA CTCM 13566777766/P1
5. SHA001

第四步,输入出票时限。

> TKTL 0945/01JUL/SHA001

1. 王琳

2. CA4506 YSA01JUL NKGCTU HK1 1145 1430 319 S 0 ^ E - - - -

3. SHA/T SHA/T010-80885338/BEIJING ORIENT BLUE SKY INTERNATIONAL AVIATION SERVICE CO.,LTD//GEXING ABCDEFG

4. TL/0945/01JUL/SHA001

5. SSR ADTK 1E BY SHA01JUL23/ 0945 OR CXL CA4506 Y01JUL

6. OSI CA CTCM 13566777766/P1

第五步，封口。

> @

CA4506 Y MO01JUL NKGCTU HK1 1145 1430

L06F0X

第六步，提取 PNR。

> RT L06F0X

1. 王琳 L06F0X

2. CA4506 Y SA01JUL NKGCTU HK1 1145 1430 319S 0 ^ E - - - -

3. SHA/T SHA/T010-80885338/BEIJING ORIENT BLUE SKY INTERNATIONAL AVIATION SERVICE CO. LTD//GEXING ABCDEFG

4. TL/0945/01JUL/SHA001

5. SSR ADTK 1E BY SHA01JUL23/ 0945 OR CXL CA4506 Y01JUL

6. OSI CA CTCM 13566777766/P1

7. RMK CA/LU7SLG 8. SHA001

第七步，输入婴儿姓名。

> XN IN/王小宝 INF(MAY23)/P1

1. 王琳 L06F0X

2. CA4506 Y SA01JUL NKGCTU HK1 1145 1430 319 S 0 ^ E - - - -

3. SHA/T SHA/T010-80885338/BEIJING ORIENT BLUE SKY INTERNATIONAL AVIATION SERVICE CO.,LTD//GEXING ABCDEFG

4. TL/0945/01JUL/SHA001

5. SSR ADTK 1E BY SHA01JUL23/ 0945 OR CXL CA4506 Y01JUL

6. OSI CA CTCM 13566777766/P1

7. OSI YY 1INF WANG/XIAOBAO INF
8. RMK CA/LU7SLG
9. XN/IN/王小宝 INF(MAY23)/p1
10. SHA001

第八步，输入婴儿申请。

>SSR INFT CA NN1/WANG/XIAOBAO 06MAY23/P1/S2
1. 王琳 L06F0X
2. CA4506 Y SA01JUL NKGCTU HK1 1145 1430 319 S 0 ^ E – – – –
3. SHA/T SHA/T010-80885338/BEIJING ORIENT BLUE SKY INTERNATIONAL AVIATION SERVICE CO.,LTD//GEXING ABCDEFG
4. TL/0945/01JUL/SHA001
5. SSR INFT CA NN1 NKGCTU 4506 Y01JUL WANG/XIAOBAO 06MAY23/P1
6. SSR ADTK 1E BY SHA01JUL23/ 0945 OR CXL CA4506 Y01JUL
7. OSI CA CTCM 135667777766/P1
8. OSI YY 1INF WANG/XIAOBAO INF

第九步，封口。

>@
CA4506 Y MO01JUL NKGCTU HK1 1145   1430
L06F0X

【说明】
婴儿须跟成人订在同一个 PNR 中，先完成成人 PNR 的预订再操作婴儿的预订。

活动四　特殊服务客票 PNR 的建立

特殊服务组(SSR)是代理人记录旅客在旅行中需要的特殊服务，并依此与航空公司进行信息交换。

特殊服务包括：
➢ 特殊餐食；
➢ 病残旅客轮椅申请；
➢ 无人陪伴儿童等内容，这些内容都需要工作人员手工输入来建立。

该项内容中还记录航空公司通知代理人的信息：
➢ 代码共享航班信息；
➢ 通知代理出票时限；

- 网上订座信息；
- 旅客未乘机信息等。

每次建立和修改 SSR 组项，其内容将随着电报传递到相应的航空公司信箱（QUEUE）中（通常为 SR QUEUE），航空公司确认后，该信息返回到代理人信箱中，工作人员提取 PNR 即可查询到。

（1）建立特殊服务组指令格式。

SSR 特殊服务，一般通过 NN 申请代码向航空公司申请，要等航空公司给出回应，将 NN 申请代码变为 KK 状态，才说明得到了确认，在@K 后状态变为 HK。

指令格式：

>SSR:服务类型代码/航空公司代码/行动代号/需要该项服务的人数/自由格式文本/旅客标识/需要该项服务的航段序号

【格式说明】

系统中可以接收的特殊服务代码：

- AVML　亚洲素食；
- BBML　婴儿餐食；
- BLML　流食；
- BLND　盲人乘客（如果有导盲犬或其他动物陪伴，须说明）；
- BSCT　有篷的摇篮或吊床或婴儿摇篮；
- BULK　庞大的行李（须说明数量、质量、大小）；
- CBBG　客舱占座行李（购买了额外座位，须说明数量、质量及尺寸）；
- CHML　儿童餐食；
- DBML　糖尿病人的餐食；
- DEAF　聋哑旅客（若有助听狗或其他动物陪伴，须详细说明）；
- DEPA　被驱逐出境（有人陪伴）；
- DEPU　被驱逐出境（无人陪伴）；
- EXST　额外的座位；
- FQTV　常旅客信息；
- FRAG　易碎的行李（须说明数量、质量和大小）；
- LANG　指定会话语种；
- LSML　无盐餐；
- MEDA　健康状况（需要旅客医疗状况证明）；
- MAAS　满足与帮助（用于特殊细节）；
- MOML　穆斯林餐；
- NSSA　靠走廊的无烟座位；
- NSSW　靠窗的无烟座位；
- OTHS　其他服务类型；

- ➢ PETC   宠物(须详细说明);
- ➢ RQST   座位申请;
- ➢ SMSA   靠走廊的吸烟座位;
- ➢ SMSW   靠窗的吸烟座位;
- ➢ STCR   担架旅客;
- ➢ TWOV   无签证的过境;
- ➢ UMNR   无人陪伴的儿童;
- ➢ VLML   素食(含糖、蛋);
- ➢ VGML   素食(不含奶、蛋制品、糖);
- ➢ WCHC   轮椅(旅客完全固定在轮椅上,需要运输轮椅上下飞机客舱);
- ➢ WCHR   轮椅(旅客能用客机梯到达自己的座位,但需要轮椅来安排长途旅行);
- ➢ WCHS   轮椅(旅客不能自行上下客梯,但可自行到达座位,需要轮椅来安排长途旅行);
- ➢ SPML   特殊餐食;
- ➢ FOID   旅客证件信息服务类型代码;
- ➢ INFT   婴儿订座申请。

实例操作:

旅客王琳预订 7 月 20 日南京—成都的客票、7 月 26 日成都—南京,往返都是国航最早的直达航班 Y 舱,王琳身份证号码 320108199002060110,电话号码为 13566777766,并在来回程航班上申请轮椅 WCHR 和素食餐 VGML。

第一步,查询第一航班并建立航段。

```
>AV H/NKGCTU/20JUL/CA
20JUL(THU) NKGCTU
 1-  CA4506   DS# FS CA Y9 BA M4 H2 KS L9 QQ GQ   NKGCTU 1145   1430   319 0 S E
 2   CA4518   DS# FS C9 Y9 BL MA H3 K8 L3 Q8 G9   NKGCTU 2015   2250   319 0 S E

>SD1Y1
1. CA4506 Y   TH20JUL  NKGCTU   DK1  1145   1430   319 S 0 ^ E - - - -
2. SHA/T SHA/T010-80885338/BEIJING ORIENT BLUE SKY INTERNATIONAL AVIATION SERVICE CO. LTD//GEXING ABCDEFG
3. SHA001
```

第二步,查询第二航班并建立航段。

```
>AV H/CTUNKG/26JUL/CA
26JUL(WED) CTUNKG
```

```
1- CA4505  DS# F7 C4 Y9 B6 ML HS KS LS QL GA   CTUNKG 0840  1040  32S 0 S   E
2  CA4517  DS# FA C1 YS BS MA H9 KQ LS Q9 G6   CTUNKG 1710  1915  32S 0 S   E
>SD1Y1
1. CA4506 Y  TH20JUL  NKGCTU  DK1  1145  1430  319 S 0 ^ E - - - -
2. CA4505 Y  WE26JUL  CTUNKG  DK1  0840  1040  32S S 0 ^ E - - - -
3. SHA/T SHA/T010-80885338/BEIJING ORIENT BLUE SKY INTERNATIONAL AVIA-
TION SERVICE CO. LTD//GEXING ABCDEFG
4. SHA001
```

第三步,输入旅客姓名。

```
>NM1 王琳
1. 王琳
2. CA4506 Y  TH20JUL  NKGCTU  DK1  1145  1430  319 S 0 ^ E - - - -
3. CA4505 Y  WE26JUL  CTUNKG  DK1  0840  1040  32S S 0 ^ E - - - -
4. SHA/T SHA/T010-80885338/BEIJING ORIENT BLUE SKY INTERNATIONAL AVIA-
TION SERVICE CO. LTD//GEXING ABCDEFG
5. SHA001
```

第四步,输入旅客联系方式。

```
>OSI CA CTCM/13566777766/P1
1. 王琳
2. CA4506 Y  TH20JUL  NKGCTU  DK1  1145  1430  319 S 0 ^ E - - - -
3. CA4505 Y  WE26JUL  CTUNKG  DK1  0840  1040  32S S 0 ^ E - - - -
4. SHA/T SHA/T010-80885338/BEIJING ORIENT BLUE SKY INTERNATIONAL AVIA-
TION SERVICE CO. LTD//GEXING ABCDEFG
5. OSI CA CTCM 13566777766/P1
6. SHA001
```

第五步,输入出票时限。

```
>TKTL 0945/20JUL/SHA001
1. 王琳
2. CA4506 Y  TH20JUL  NKGCTU  DK1  1145  1430  319 S0 ^ E - - - -
3. CA4505 Y  WE26JUL  CTUNKG  DK1  0840  1040  32S S 0 ^ E - - - -
4. SHA/T SHA/T010-80885338/BEIJING ORIENT BLUE SKY INTERNATIONAL AVIA-
TION SERVICE CO. LTD//GEXING ABCDEFG
```

5. TL/0945/20JUL/SHA001

6. SSR ADTK 1E BY SHA20JUL23/ 0945 OR CXL CA4506 Y20JUL

第六步，封口。

> @
CA4506　Y TH20JUL　NKGCTU HK1　1145　1430
CA4505　Y WE26JUL　CTUNKG HK1　0840　1040
LNYJMS

第七步，提取 PNR。

> RT LXZ1HA

1. 王琳 LXZ1HA

2. CA4506 Y　TH20JUL　NKGCTU　HK1　1145　1430　319 S 0 ^ E ----

3. CA4505 Y　WE26JUL　CTUNKG　HK1　0840　1040　32S S 0 ^ E ----

4. SHA/T SHA/T010-80885338/BEIJING ORIENT BLUE SKY INTERNATIONAL AVIATION SERVICE CO. LTD//GEXING ABCDEFG

5. TL/0945/20JUL/SHA001

6. SSR ADTK 1E BY SHA20JUL23/ 0945 OR CXL CA4506 Y20JUL

7. OSI CA CTCM 13566777766/P1

8. RMK CA/LWLSML

9. SHA001

第八步，输入特殊服务项。

> SSR WCHR CA NN1/P1/S2/S3

1. 王琳 LXZ1HA

2. CA4506 Y TH20JUL　NKGCTU　HK1　1145　1430　319 S 0 ^ E ----

3. CA4505 Y WE26JUL　CTUNKG　HK1　0840　1040　32S S 0 ^ E ----

4. SHA/T SHA/T010-80885338/BEIJING ORIENT BLUE SKY INTERNATIONAL AVIATION SERVICE CO.LTD//GEXING ABCDEFG

5. TL/0945/20JUL/SHA001

6. SSR ADTK 1E BY SHA20JUL23/ 0945 OR CXL CA4506 Y20JUL

7. SSR WCHR CA NN1　CTUNKG 4505 Y26JUL/P1

8.SSR WCHR CA NN1 NKGCTU 4506 Y20JUL/P1

9.OSI CA CTCM 13566777766/P1

10.RMK CA/LWLSML

11.SHA001

> *SSR VGML CA NN1/P1/S2/S3*

1.王琳 LXZ1HA

2. CA4506 Y TH20JUL NKGCTU HK1 1145 1430 319 S 0 ^ E ----

3. CA4505 Y WE26JUL CTUNKG HK1 0840 1040 32S S 0 ^ E ----

4.SHA/T SHA/T010-80885338/BEIJING ORIENT BLUE SKY INTERNATIONAL AVIATION SERVICE CO.LTD//GEXING ABCDEFG

5.TL/0945/20JUL/SHA001

6.SSR ADTK 1E BY SHA20JUL23/ 0945 OR CXL CA4506 Y20JUL

7.SSR VGML CA NN1 NKGCTU 4506 Y20JUL/P1

8.SSR VGML CA NN1 CTUNKG 4505 Y26JUL/P1

9.SSR WCHR CA NN1 NKGCTU 4506 Y20JUL/P1

10.SSR WCHR CA NN1 CTUNKG 4505 Y26JUL/P1

11.OSI CA CTCM 13566777766/P1

12.RMK CA/LWLSML

13.SHA001

第九步，输入旅客的身份证件号码。

> *SSR FOID CA HK/NI320108199002060110/P1*

1.王琳 LXZ1HA

2. CA4506 Y TH20JUL NKGCTU HK1 1145 1430 319 S 0 ^ E ----

3. CA4505 Y WE26JUL CTUNKG HK1 0840 1040 32S S 0 ^ E ----

4.sha/T sha/T010-80885338/BEIJING ORIENT BLUE SKY INTERNATIONAL AVIATION SERVICE CO.LTD//GEXING ABCDEFG

5.TL/0945/20JUL/sha001

6.SSR FOID CA HK/NI320108199002060110/P1   为该旅客输入有效的证件信息

7.SSR ADTK 1E BY sha20JUL23/ 0945 OR CXL CA4506 Y20JUL

8.SSR VGML CA NN1 CTUNKG 4505 Y26JUL/P1

9.SSR VGML CA NN1 NKGCTU 4506 Y20JUL/P1

10.SSR WCHR CA NN1 NKGCTU 4506 Y20JUL/P1

11.SSR WCHR CA NN1 CTUNKG 4505 Y26JUL/P1

12.OSI CA CTCM 13566777766/P1

13.RMK CA/LWLSML

14.sha001

第十步,封口。

```
>@
CA4506   Y TH20JUL   NKGCTU HK1   1145   1430
CA4505   Y WE26JUL   CTUNKG HK1   0840   1040
LXZ1HA
```

(2)航空公司通知代理人的信息。

有一些 SSR 信息是由航空公司系统将信息返回到 PNR 中,以通知工作人员。

例:航空公司提醒代理人尽快出票。

```
>RT:P02ZW
1.ZHANG/SHUNGGN P02ZW
2.SQ286 Q FR14JAN AKLSIN HK1 1515 2015
3.SQ812 Q SA15JAN SINPEK HK1 0110 0710
4.BJS/T BJS/T 010-65053330-321/FESCO CHINA WORLD TOWER/LIU XIAO FANG
5.NC
6.TL/1200/14DEC99/BJS249/LIU
7.SSR ADTK 1E TO SQ BY 14DEC OTHERWISE WILL BE XXLD
8.RMK SQ/JD7KJ8
9.BJS249
```

例:航空公司取消座位的原因。

```
1. YANG/QING MNBM7
2. KL569 B SA08JAN DARAMS HX1 0030 0755
3. KL897 B SA08JAN AMSPEK HX1 1635 0855 + 1 DCNT
4. BJS/T BJS/T 010-65053330-321/FESCO CHINA WORLD TOWER/LIU XIAO FANG
5. TL/1200/16DEC99/BJS249
6. SSR OTHS 1E XLD BY EXP./TKT
7. SSR OTHS 1E *FINAL REMINDER* PSE FIND ALT FOR WL OR XX IF NOT ACT
8. SSR OTHS 1E *2ND REMINDER* PSE FIND ALT FOR WL OR XX IF NOT ACT
9. SSR OTHS 1E *REMINDER* PSE FIND ALT FOR WL OR XX IF NOT ACT
10. RMK AK AMSKL X7I7RU
11. RMK AK SWI1G L8BJ16
12. BJS2497
```

任务实施

分小组进行不同角色(旅客和工作人员)的扮演,按照旅客提出的要求,工作人员完成以下预订服务:

(1)案例1,请为成人张伟、陈琳预订10月20日上海—青岛国航最早直达航班头等舱F座位,证件信息和联系电话自拟。

(2)案例2,请为儿童张欣怡预订10月20日上海—青岛国航航班最早直达航班头等舱F座位,备注案例1中成人的订座记录编号,证件信息和联系电话自拟。

(3)案例3,请为成人张伟、婴儿张小小预订11月1日杭州—深圳国航中午12时后直达航班头等舱F座位,证件信息和联系电话自拟。

(4)案例4,请为张伟预订11月20日上海—北京国航最早一班经济舱Y舱座位,申请VGML餐和轮椅WCHR,证件信息和联系电话自拟。

任务评价

请评价人员根据表3-5对上述任务实施案例1至案例3情况进行评价。

任务实施评价表　　　　　表3-5

评价标准	分值	自评(20%)	互评(20%)	师评(60%)
能根据旅客要求查询航班并建立航段	20			
能为旅客正确建立姓名组	20			
利用OSI指令建立旅客联系组信息	20			
能利用TKTL指令设定出票时限	10			

续上表

评价标准	分值	自评(20%)	互评(20%)	师评(60%)
能封口旅客订座记录并生效	10			
小组分工良好,能使用礼貌用语与旅客进行沟通	10			
能认真点评其他小组的情景模拟,并提出解决方案	10			
合计	100			
总评				

请评价人员根据表 3-6 对上述任务实施案例 4 情况进行评价。

任务实施评价表　　　　　　　　　　　　　　　　　　　　表 3-6

评价标准	分值	自评(20%)	互评(20%)	师评(60%)
能根据旅客要求查询航班并建立航段	20			
能为旅客正确建立姓名组	20			
利用 OSI 指令建立旅客联系组信息	10			
能利用 TKTL 指令设定出票时限	10			
能封口旅客订座记录并生效	10			
能根据旅客要求申请特殊服务	10			
小组分工良好,能使用礼貌用语与旅客进行沟通	10			
能认真点评其他小组的情景模拟,并提出解决方案	10			
合计	100			
总评				

任务五
团体 PNR 的建立及其操作

任务清单

请根据任务清单完成本任务的学习。

课前预习	收集整理国航、东航、南航团体客票销售的一般规则
课中学习	1. 掌握团体 PNR 的建立与提取
	2. 掌握团体 PNR 的分离、修改与取消
课后复习	1. 完成任务实施,加深对团体 PNR 处理的掌握和应用
	2. 梳理本任务所学知识,总结知识重难点,完善学习笔记

项目三 客票预订

任务引入

旅客 GAO/YUMIN1JIANG/XIHONG 等一行共 12 位旅客,团体名为 SCAC,预订 1 月 20 日北京—昆明 MU4122 航班上 Y 舱客票,并提前 15 天出票。作为客票销售人员,该如何操作?

任务分析

团体记录的构成与散客记录基本一致,相比起散客 PNR,团体 PNR 增加了团体姓名组,需要在 NM 前使用 GN 指令增加团体名,且团体名只可由英文字母和斜线组成,不可用中文。

任务分解

代理人在日常工作中有时会遇到开团体客票的情况。在 CRS 中,9 人以上 PNR 必须组成团体,9 人以下为散客。由于团体人数多,情况较为复杂,我们将团体 PNR 单独介绍。

团体 PNR 与一般 PNR 的区别是增加了团体姓名组,即组成团体 PNR 的元素为:
- 团体姓名组 GN;
- 姓名组 NM;
- 航段组 SS、SD、SN、SA;
- 联系组 CT/OSI;
- 票号组 TK。

活动一 团体姓名组的建立

团体名称组用于团体订座,是组成团体旅客记录不可缺少的组项。它是由团体人数和团体名称组成的。

指令格式:
＞GN:团体订座总人数团名

【格式说明】
- 代理人按需要为团体起名;
- 团名只可由英文字母和斜线(/)组成,不可用中文作团名;
- 团名最长为 50 个字符,最短为 2 个字符;
- 团名建立后不可更改;
- 在 CRS 中,9 人以上 PNR 必须成团,9 人以下不能成团;
- 一个团体最多可有 511 名旅客;
- 旅客姓名可以在建立团体 PNR 时输入,也可在以后分步输入;
- 代理人可以按团名或团体中任一旅客姓名提取该 PNR;
- 在建立团体 PNR 后,代理人可根据实际需要取消或分离部分旅客,分离出的新的

PNR 仍为团体 PNR,且团名仍为原团名。

例:建立一个团名为 SCAC 的 12 人的团体 PNR。

>GN:12SCAC
0. 12SCAC NM0
1. PEK099

【说明】

NM 项代表该团中已输入旅客的姓名数,本例未输入旅客姓名,故 NM 数为 0;输入几个姓名,NM 后即为相应的已输入的旅客姓名数。

例:完整 PNR 的建立。

>GN:12SCAC
SS:MU4122/Y/20JAN/PEKKMG/NN12
OSI MU CTCT/13555556666
TK:TL/1200/10JAN/BJS367
NM:1GAO/YUMIN1JIANG/XIHONG1LI/JINGYU1LI/JINYONG1LI/YAJUN
 -1SUN/MINGHUI1SUN/SHULAN1WANG/YAYUN1XIAO/YUANSHENG1YANG/CUIFEN
 -1YANG/CUIYAN 1ZHENG/HUANHUAN
@
MU4122 Y TH20JAN PEKKMG HN12 1200 1500
MCG2Y

【说明】

➢ 团体 PNR 的团名 GN 应先输入。

➢ 即使航班有座位,团体 PNR 的座位状态也应是申请,该申请会进入航空公司相应的信箱中(QUEUE),控制人员确认座位。

➢ 若有座位,控制人员会将行动代码由"HN"改变为"KK";若没有座位,将行动代码由"HN"改变为"UU"。

➢ 团体客票应至少在航班起飞前一周出票。

活动二 团体 PNR 的提取

团体 PNR 的提取可以按照非团体 PNR 提取。

➢ 根据记录编号提取:

>RT:×××××

➢ 根据旅客姓名提取:

>RT:ZHANG/CA1301/10DEC

➢ 根据旅客名单提取:

>ML:C/CA1301/10DEC

>RT:序号

> 根据航空公司记录编号提取：

＞RRT:V/×××××/CA1301/10DEC

> 查看 PNR 完整的内容：

＞RT:C/×××××

> 查看 PNR 的历史部分：

＞RT:U/1

> 返回到 PNR 的现行部分：

＞RT:A

还可以采取以下方式：

提取旅客姓名名单：

＞RT:×××××

＞RT:N

或 ＞RT:N/×××××

例：根据记录编号提取团体记录 MCG2Y 中所有旅客的姓名。

第一步，提取 PNR。

> *RT:MCG2Y*

0.12SCAC NM12 MCG2Y

13.3Q4122 Y TH20JAN PEKKMG RR12 12001500

14.BJS/T BJS/T 0315-2812992/TANGSHAN AVIATION SERVICE SERVICE CENTRE/ WEI JUN

15.0315-2812992

16.T/6023344751-62

17.RMK CA/HSWFP

第二步，提取 PNR 中旅客名单。

> *RT:N*

0.12SCAC NM12 MCG2Y

1.GAO/YUMIN 2.JIANG/XIHONG 3.LI/JINGYU 4.LI/JINYONG 5.LI/YAJUN

6.SUN/MINGHUI 7.SUN/SHULAN 8.WANG/YAYUN 9.XIAO/YUANSHENG 才辈出

10.YANG/CUIFEN 11.YANG/CUIYAN 12.ZHENG/HUANHUAN

13.3Q4122 Y TH20JAN PEKKMG RR12 1200 1500

14.BJS/T BJS/T 0315-2812992/TANGSHAN AVIATION SERVICE SERVICE CENTRE/ WEI JUN

15.0315-2812992

16.OSI CA CTCT/13555556666

17.RMK CA/HSWFP

18.BJS367

未将旅客姓名输入进 PNR 之前,"NM"后是"0"。

例:

> RT M4MDY
0. 20CAAC/GROUP NM0 M4MDY
4. CZ3196 Y TH24SEP PEKCAN HN20 0800 1045
5. 66017755
6. TL/1200/10SEP/PEK099
7. RMK CA/JV3CS
8. PEK099

有时我们还可以看到这样的记录,航班座位数与旅客姓名数不相符的情况。

例:

> RT M4MDY
0. 20CAAC/GROUP NM3 M4MDY
4. CZ3196 Y TH24SEP PEKCAN HN20 0800 1045
5. 66017755
6. TL/1200/10SEP/PEK099
7. RMK CA/JV3CS
8. PEK099
> RTN
0. 20CAAC/GROUP NM3 M4MDY
1. BAI/JIANPO 2. CAO/SHANGLI 3. DIAO/WEI
4. CZ3196 Y TH24SEP PEKCAN HN20 0800 1045
5. 66017755
6. TL/1200/10SEP/PEK099
7. RMK CA/JV3CS
8. PEK099

【说明】

非团体 PNR 中姓名与座位数必须相符,团体 PNR 中允许姓名与座位数不一致,但是出票时,必须将所有人名输入 PNR 中,否则航空公司有权将该记录取消。

活动三 团体 PNR 的分离

我们在前面的章节中已经介绍了 PNR 的分离,即由于部分旅客需要更改行程或其他原因,而将其分离出来,使用 SP 指令。团体 PNR 有它的特殊性,主要体现在旅客姓名上。现在我们按照以下内容来介绍团体 PNR 的分离:

➢ 已输入旅客姓名的团体 PNR 的分离。
➢ 未输入旅客姓名的团体 PNR 的分离。

➢ 同时分离指定姓名的旅客和没有指定姓名的座位。需要说明的是，CRS 中，PNR 只能分离一次。有的航空公司要求 PNR 不能做分离，涉及该公司航段的记录就无法进行分离。

一、分离已输入姓名的团体 PNR

分离已输入姓名的团体 PNR 与分离普通 PNR 的方法相似。

指令格式：

＞SP:旅客姓名序号/旅客姓名序号/…

实例操作：

分离已输入姓名的团体 PNR。

第一步，提取 PNR。

```
＞RT N/MD66M
0. 10TRAVEL NM10 MD66M
1. CHEN/LONG 2. LU/XIAO 3. LU/HAO 4. LU/FANG 5. TANG/CHE 6. TANG/KOU
7. WANG/LIANG 8. ZHANG/JIE 9. ZHANG/HONG 10. ZHAO/ZHENGQUAN
11. CA1317 B TH04FEB PEKCSX HN10 0835 1040
12. BJS/T PEK/T 010-65538922/CHINA AIR SERVICE COMPANY/DONG SHU HUA
13. 67548930
14. TL/1200/25JAN/BJS191
15. RMK CA/J514V
16. BJS191
```

第二步，分离已输入姓名的团体 PNR。

```
＞SP1/4/5
0. 3TRAVEL NM3
1. CHEN/LONG 2. LU/FANG 3. TANG/CHE4. CA1317 B TH04FEB PEKCSX HN3 0835 1040
5. BJS/T PEK/T 010-65538922/CHINA AIR SERVICE COMPANY/DONG SHU HUA
6. 67548930
7. TL/1200/25JAN/BJS191
8. RMK CA/J514V
9. BJS191
```

第三步，封口。

```
＞@
CA 1317 B TH04FEB PEKCSX HN3 0835 1040
MD721 SPLIT FROM MD66M
```

【说明】
➢ "MD721"是从"MD66M"中分离出来的;
➢ "MD721"是新生成的三人记录;
➢ "MD66M"是原 PNR 中除去三人后的记录;
➢ 提出两个 PNR 可以看到 3 名旅客被分离出来了。

二、分离未输入姓名的团体 PNR

分离未输入姓名的团体 PNR 时,只需要指定所要分离的旅客人数,而不涉及旅客序号。

指令格式:
＞SP:G/座位数
实例操作:
分离未输入姓名的团体 PNR。
第一步,提取 PNR。

```
＞RT MHNG3
0.15KKK NM0 MHNG3
1. CZ3609 T SU14FEB CANSHA HN15 0750 0940
2. BJS/T PEK/T 010-65538922/CHINA AIR SERVICE COMPANY/DONG SHU HUA
3. 65438790
4. TL/1200/01FEB/BJS191
5. RMK CA/JVRRT
6. BJS191
```

第二步,分离未输入姓名的团体 PNR。

```
＞SP:G5
0.5KKK NM0
1. CZ3609 T SU14FEB CANSHA HN5 0750 0940
2. BJS/T PEK/T 010-65538922/CHINA AIR SERVICE COMPANY/DONG SHU HUA
3. 65438790
4. TL/1200/01FEB/BJS191
5. RMK CA/JVRRT
6. BJS191
```

第三步,封口。

```
＞@
CZ3609 T SU14FEB CANSHA HN5 0750 0940
M5907 SPLIT FROM MHNG3
```

再提出两个PNR,看到5名旅客已经被分离出来了。

>RT M5907
0.5KKK NM0 M5907
1.CZ3609 T SU14FEB CANSHA HN5 0750 0940
2.BJS/T PEK/T 010-65538922/CHINA AIR SERVICE COMPANY/DONG SHU HUA
3.65438790
4.TL/1200/01FEB/BJS191
5.RMK CA/HXE99
6.BJS191
>RT MNNG3
0.10KKK NMO MHNG3
1.CZ3609 T SU14FEB CANSHA HN10 0750 0940
2.BJS/T PEK/T 010-65538922/CHINA AIR SERVICE COMPANY/DONG SHU HUA
3.65438790
4.TL/1200/01FEB/BJS191
5.RMK CA/JVRRT
6.BJS191

三、分离指定姓名的旅客和没有指定姓名的座位

当PNR中只输入了部分旅客姓名,并且需要同时分离指定姓名的旅客和没有指定姓名的座位时,要用这种方法处理。

指令格式:

>SP:G/座位数/旅客序号/旅客序号

实例操作:

同时分离指定姓名的旅客和没有指定姓名的座位。

第一步,提取PNR。

>RT:MXBX3
0.10TOUR NM3 MXBX3
4.CZ3379 Y TH15OCT CSXCAN HN10 1420 1520
5.BJS/T PEK/T 010-65538922/CHINA AIR SERVICE COMPANY/DONG SHU
6.NC
7.TL/1200/05OCT/BJS191
8.RMK CA/H4JD6
9.BJS191

第二步，分离 PNR。

> SP：G2/1/3
0.4TOUR NM2
3. CZ3379 Y H15OCT CSXCAN HN4 1420 1520
4. BJS/T PEK/T 010-65538922/CHINA AIR SERVICE COMPANY/DONG SHU
5. NC
6. TL/1200/05OCT/BJS191
7. RMK CA/H4JD6
8. BJS191

第三步，封口。

> @
CZ3379 Y TH15OCT CSXCAN HN4 1420 1520
MXCF0 SPLIT FROM MXBX3

活动四 团体 PNR 的修改

团体 PNR 的修改方式，与普通 PNR 类似。当部分旅客因情况变化而需要减少人数时，可以按照以下几种情况进行处理：
> 取消已输入姓名的旅客的座位(非团体记录也可照此处理)；
> 取消未输入姓名的团体记录中的座位；
> 同时取消指定姓名的旅客和没有指定姓名的座位。

一、取消已输入姓名的旅客的座位(非团体记录也可照此处理)

指令格式：
> XE：P/旅客序号/旅客序号

实例操作：
取消 PNR NFT48 中的 FAN/ZHIYI 和 HAO/HAIDONG。
第一步，提取 PNR。

> RT：NFT48
1. FAN/ZHIYI 2. GAO/FENG 3. HAO/HAIDONG 4. LI/BING NFT48
5. MU4343 Y TU20OCT KMGCAN HK4 1015 1140
6. BJS/T PEK/T010-65538922/CHINA AIR SERVICE COMPANY/DONG SHU
7. NC
8. T/543786486549087
9. RMK CA/H6X4C
10. BJS191

第二步,取消已输入姓名的旅客订座。

>XE:P/1/3

2. GAO/FENG 4. LI/BING NFT48

5. MU4343 Y TU20OCT KMGCAN HK2 1015 1140

6. BJS/T PEK/T 010-65538922/CHINA AIR SERVICE COMPANY/DONG SHU

7. NC

8. T/543786486549087

9. RMK CA/H6X4C

10. BJS191

第三步,封口。

>@

MU4343 Y TU20OCT KMGCAN HK2 1015 1140

NFT48

二、取消未输入姓名的团体记录中的座位
指令格式:

>XE:G/座位数

实例操作:

取消该记录中的两个座位。

第一步,提取 PNR。

>RT:ME4F8

0. 10GOOD NM0 ME4F8

1. FM543 Y MO19OCT NKGCTU HN10 1445 1640

2. BJS/T PEK/T 010-65538922/CHINA AIR SERVICE COMPANY/DONG SHU HUA

3. NC

4. TL/1200/15OCT/BJS191

5. RMK CA/H6ZLB

6. BJS191

第二步,取消未输入姓名的旅客座位。

>XE:G/2

0. 8GOOD NM0 ME4F8

1. FM543 Y MO19OCT NKGCTU HN8 1445 1640

2. BJS/T PEK/T 010-65538922/CHINA AIR SERVICE COMPANY/DONG SHU HUA

3. NC

4. TL/1200/15OCT/BJS191

5. RMKCA/H6ZLB

6. BJS191

第三步,封口。

> @
FM 543 Y MO19OCT NKGCTU HN8 1445 1640
ME4F8

三、同时取消指定姓名的旅客和没有指定姓名的座位

PNR 中只输入了部分旅客姓名,并且需要同时分离指定姓名的旅客和没有指定姓名的座位时,要用这种方法处理。

指令格式:
>XE:G/座位数/P/旅客序号

实例操作:
取消 PNR 中的第 1 和第 2 名旅客及其 3 个座位。
第一步,提取 PNR。

>RT:N/M4MDY
0.20CAAC/GROUP NM3 M4MDY
1. BAI/JIANPO 2. CAO/SHANGLI 3. DIAO/WEI
4. CZ3196 Y TH24SEP PEKCAN HN20 0800 1045
5. 66017755
6. TL/1200/10SEP/PEK099
7. RMK CA/JV3CS
8. PEK099
9. RMK CA/JV3CS
10. PEK099

第二步,取消 3 个座位和 PNR 中的第 1 和第 2 名旅客。

>XE:G3/P/1/2
>RT:N
0.15CAAC/GROUP NM1 M4MDY
1. DIAO/WEI
2. CZ3196 Y TH24SEP PEKCAN HN15 0800 1045
3. 66017755
4. TL/1200/10SEP/PEK099
5. RMK CA/JV3CS
6. PEK099

任务实施

分小组进行不同角色(旅客班长和客票销售人员)的扮演,按照旅客提出的要求,客票销

售人员完成以下操作练习。

请为民航运输一班的 40 名同学预订 1 月 1 日和 1 月 3 日上海—广州来回经济舱座位,团体名为"民航运输一班",其中班长电话为 13512344321,并输入张鹏、陈婷、孙维、孙力 4 位同学的姓名。一天后,张鹏、陈婷的行程有变化,需要修改去程时间为 12 月 31 日。请为其完成操作。

任务评价

请评价人员根据表 3-7 对上述任务实施情况进行评价。

任务实施评价表　　　　　　　　表 3-7

评价标准	分值	自评(20%)	互评(20%)	师评(60%)
能正确地建立团体姓名组	20			
能正确输入团体张鹏等 4 人姓名	20			
能正确使用 SP 指令进行张鹏、陈婷的 PNR 分离并封口	20			
能正确的对张鹏、陈婷的新 PNR 进行去程航段信息的修改	20			
小组合作良好,分工明确,能使用礼貌用语与旅客沟通	10			
能认真点评其他小组的情景模拟,并提出解决方案	10			
合计	100			
总评				

任务六
机上座位的预订

任务清单

请根据任务清单完成本任务的学习。

课前预习	收集整理国航、东航、南航机上座位预订的一般规则
课中学习	1. 掌握显示 ASR 航班的查询方法
	2. 掌握航班座位图的查看方法
	3. 掌握机上座位预订的方法
课后复习	1. 完成任务实施,加深对机上座位预订操作的熟练程度
	2. 收集整理国内其他航空公司机上座位预订的要求
	3. 梳理本任务所学知识,总结知识重难点,完善学习笔记

123

任务引入

旅客张明已经完成了客票的预订,他向工作人员提出要预订飞机上前排靠窗的座位,作为客票销售工作人员该如何在系统中进行操作?

任务分析

在订座系统中提前进行机上座位的预订,需要先要查看该航班是否可以使用旅客机上座位预订功能,然后根据航班座位图上座位显示情况,结合旅客需求进行机上座位的预订操作。

任务分解

活动一 ASR 航班显示

为了使航空公司工作人员能够根据旅客的要求提前预订座位,首先必须了解哪些航班可以使用机上座位图显示和旅客机上座位预订功能(ASR),为此,系统提供了 AV 指令,用于查询相关航班是否能够提供机上座位图显示和旅客机上座位图预订功能(ASR)。在使用 AV 查询指令后,航班信息中带有"^"标识的为 ASR 航班。

活动二 航班座位图显示

为了使航空公司工作人员能够根据旅客的要求提前预订座位,首先必须了解航班的座位图。ADM 指令可以帮助航空公司工作人员看到哪些座位可以订,哪些座位不可以订,以及每个座位的属性。

指令格式1:
＞ADM：ELE-NBR/SEGMENT
指令格式2:
＞ADM：ELE-NBR
【格式说明】
➢ ADM:显示航班座位图功能指令;
➢ ELE-NBR:PNR 显示中的航段组的序号;
➢ SEGMENT 航段(可选项)。
例:以 CA984 航班为例,说明座位布局图及座位符号含义。

＞ADM:2 或者
＞ADM:2/PEKPVG
CA984/Y/20AUG/PEKPVG/321/P100/S96/R1
Y   1   2   3   4

```
 1234567890123456 78901234567890
RL ××××  ××**!  ******    ×××××××××××× LR
RK ×××××××**********  ×××××××××××× KR
RJ ×××××××**********  ×××××××××××× JR
R = = = = = E = = = = = = = = = EE = = = = = = = = = = = = R
L = = = = = E = = = = = = = = = EE = = = = = = = = = = = = L
LC ×××××**********   ××××××××××××× CL
LB ×××××**********   ××××××××××××× BL
LA ××××  *********     *********××××× AL
 >ASR:2/
```

【输出格式说明】
- 第 1 行:座位图描述行。包括航班号、舱位、日期、航段、机型等信息。
- 第 2、3 行:舱位,座位行号以及机翼位置描述。
- 第 4、5、6、9、10、11 行:座位描述行,包括每个座位的具体描述。

其中符号所代表的意义是:

* 可利用座位;

/ 可利用但不能后仰的座位;

\# 已被 ASR 占用的座位;

. 已被 ASR 占用且已打印登机牌的座位;

B 摇篮座位;

C 对一般工作人员不开放的座位;

H 残障人士的座位;

M 多种座位类型;同样的座位在不同航段有不同的性质;

N 看不到电影的座位。

- 第 7、8 行:走廊描述行。

其中符号所代表的意义是:

= 缺省的走廊符号;

E 紧急出口行;

I 婴儿行;

S 吸烟行。

活动三 机上座位预订(ASR)

机上座位预订指令用于航空公司工作人员针对为 PNR 中的相关旅客预订 PNR 中相关航段的一个或多个可利用的座位。

指令格式1:

> ASR:ELE-NBR/SEGMENT/SEATS/PAX ID

指令格式 2：
>**ASR：ELE-NBR/SEGMENT/GEN-SEATS/PAX ID**
指令格式 3：
>**ASR：ELE-NBR/SEATS/PAX ID**（基于座位图显示结果）
【格式说明】
- ELE-NBRPNR：显示中航段组序号；
- SEGMENT：航段；
- SEATS：座位号；
- PAX ID：旅客标识；
- GEN-SEATS：座位特征标识。

例如：PNR 中航段组序号为 2，预订一个右侧靠窗的座位：
>*ASR：2/PEKPVG/RW*
预订一个 20A 的座位：
>*ASR：2/PEKPVG/20A*

实例操作：
旅客张明申请预订机上 22L 座位。
第一步，查询航班信息，确认航班信息中带有"^"。

>AV：PEKSHA/20AUG/CA
20AUG(THU) PEKSHA VIA CA
1- CA984 PEKPVG 0720 0930 321 0^S E EFA AA PA OA YA < T3 - - >
BQ MQ HQ KQ LA QQ GQ SA XQ NQ VQ UQ WA TQ EQ
2 CA155 PEKPVG 0730 0935 738 0^S E ECA DS ZQ IS RS < T3 - - >
JS YA BQ MQ HQ KQ LA QQ GQ SA XQ NQ VQ UQ WA TQ EQ
3 CA1831 PEKSHA 0730 0940 330 0^S E EFA AS OS YA BS < T3 - - >
MS HS KS LS QS GS SA XA NS VS US WA TS ES
4 + *CA3110 PEKSHA 0815 1005 767 0^S EFA YA BA HA KA < T3 - - >
LA QA GA US
* * * * CZ-SHA CHECK IN 45 MINUTES BEFORE DEPARTURE

第二步，显示 PNR 的座位布局图。

1. 张明
2. CA984 Y TH20AUG PEKPVG HK1 0720 0930 321 S 0 R_E T3 - -
3. PEK099
>*ADM：2* 或者
>*ADM：2/PEKPVG*
CA984/Y/20AUG/PEKPVG/321/P100/S96/R1
Y   1   2   3   4
1234567890123456 78901234567890

```
RL ×××  ××**!  ******   ×**********××××  LR
RK ×××××**********   ×*********××××  KR
RJ ×××××*************   ****××××  JR
R  ====E=========   EE=============  R
L  ====E=========   EE=============  L
LC ×××**********   ×**********××××  CL
LB ×××**********   ×**********××××  BL
LA ××××*********   ×**********××××  AL
>ASR:2/
```

第三步,预订机上座位。

1.张明

2. CA984 Y TH20AUG PEKPVG HK1 0720 0930 321 S 0 R_E T3--

3.PEK099

>ASR:2/PEKPVG/22L（预订22排L座）或

>ASR:2/22L（预定22排L座：基于ADM显示结果）

1.TST/C

2. CA984 Y TH20AUG PEKPVG HK1 0720 0930 321 S 0 E T3--

3.SSR SEAT CA HK1 PEKPVG 984 Y20AUG 22LN/RS   若指令成功,输出结果如序号3所示

4.PEK099

☆**知识拓展**

飞机上的紧急出口位置的座位不能通过订座系统提前预订,也不能网上选择,只能到机场柜台办理。这是因为飞机上的紧急出口是航空器遇见突发状况或者涉及危险情况时旅客的逃生通道,应当保证其在必要的时候能够顺利地开启和使用,简单地说就是飞机安全门。

紧急出口处的座位虽然要比其他座位宽敞许多,也相对舒适,但同时该座位旅客也需要承担相应的责任。所以要求紧急出口座位的旅客必须到机场人工柜台并经值机员目测评估,首先,两臂、双手、双腿是否健康,是否有身体不适等其他症状,如果是女性旅客,视情况询问旅客是否怀孕;其次,在征询旅客同意的情况下,请旅客阅读有关紧急出口座位须知,了解乘坐该座位的责任和义务,经过以上评估后才可以发放紧急出口的座位。

任务实施

分小组进行不同角色(旅客和工作人员)的扮演,按照旅客提出的要求,工作人员完成以下操作练习。

(1)旅客张伟预订上海—北京12月1日早上10时后的国航经济舱Y舱客票,并提出需要预留机上前排靠窗的座位,请为其进行操作。

(2)旅客刘冬预订杭州—深圳12月10日中午12时后国航头等舱F舱客票,并提出需要预留机上前排靠走道的座位,请为其进行操作。

任务评价

请评价人员根据表3-8对上述任务实施情况进行评价。

任务实施评价表　　　　　　　　　　　　　　表3-8

评价标准	分值	自评(20%)	互评(20%)	师评(60%)
能根据旅客要求完成客票的预订	20			
能查询相关航班是否能够提供机上座位图显示和旅客机上座位图预订功能	15			
能使用ADM指令查看航班座位图	15			
能识别座位图中各符号所代表的含义	15			
能根据航班座位图和旅客实际情况预订机上座位	15			
小组分工良好,能使用礼貌用语与旅客进行沟通	10			
能认真点评其他小组的情景模拟,并提出解决方案	10			
合计	100			
总评				

项目总结

(1)本项目重点学习了基础PNR的建立,掌握了一个基础PNR必含姓名组、航段组、联系组、出票组,并且只有使用封口指令才能使PNR生效。学习了不同类型旅客(成人、儿童、婴儿)、不同航程(单程、联程、来回程、缺口程、OPEN航程)的客票预订。

(2)客票均是实名制,在输入姓名时务必保证准确,养成严谨的工作作风,避免因工作失误给旅客带来麻烦。此外,一个PNR由多个项目组组成,建议大家养成固定输入顺序的习惯,避免漏输项目。

(3)在为旅客进行机上座位预订时,结合旅客需求,准确识读座位图上的符号含义,正确预订机上座位。

(4)团体PNR的座位状态是申请状态,该申请会进入航空公司相应的信箱中,由航班控制人员确认座位,若有座位,控制人会将行动代码由HN状态改变为KK状态,若没有座位,则会改变为UU状态。

项目综合练习

一、选择题

1. 下列可用于旅客订座记录散客姓名组建立的指令是（   ）。
   A. NM   B. MN   C. XN   D. SN
2. 下列可用于旅客订座记录团体姓名组建立的指令是（   ）。
   A. NM   B. MN   C. XN   D. GN
3. 下列可用于旅客订座记录间接建立航段的指令是（   ）。
   A. SD   B. SS   C. SN   D. AD
4. 机上座位预留的指令是（   ）。
   A. ASR   B. ADM   C. AMD   D. SAR
5. 查看座位图的指令是（   ）。
   A. DAM   B. ADM   C. MAD   D. DMA
6. 下列可用于旅客订座记录到达情况不明航段的建立的指令是（   ）。
   A. SD   B. SS   C. SN   D. AD
7. 下列可用于旅客订座记录不定期航段的建立的指令是（   ）。
   A. SD   B. SS   C. SN   D. AD
8. 下列可用于旅客订座记录出票组建立的指令是（   ）。
   A. TK   B. KT   C. CT   D. TC
9. 下列可将旅客订座记录还原到未修改时的指令是（   ）。
   A. IG   B. GI   C. @   D. /
10. 下列可用于旅客订座记录特殊服务组建立的指令是（   ）。
    A. RMK   B. OSI   C. SSR   D. SRS

二、判断题

1. 在为旅客进行客票预订时，旅客姓名不一定准确，因为在出票前均可随意更改。（   ）
2. 婴儿也需购买机票，且一名成人只能带一名不占座的婴儿。（   ）
3. SSR 是特殊服务，一般是通过申请代码向航空公司申请，并需要等待航空公司的确认。（   ）
4. OSI 是其他项服务，一般输入的内容是说明性，不需要航空公司确认。（   ）
5. 在 AV 显示中有"^"标识即说明该航班可以机上预留座位。（   ）

三、实操练习题

1. 为旅客张伟预订 3 月 8 日从杭州到天津的最早直达南航航班 Y 舱客票。
2. 为旅客张伟预订去程 3 月 8 日从杭州到天津最早直达东航航班 Y 舱，回程 3 月 12 日从天津回杭州最晚直达东航航班 Y 舱客票，联系电话自拟。
3. 为旅客张伟、陈琳预订去程 3 月 8 日从南京到成都的上午 10 时后的国航直达航班 Y 舱，回程 3 月 12 日从成都到南京最晚国航直达航班 Y 舱客票，联系电话自拟。

4.旅客张伟带有一名10岁儿童张欣怡,请为他们预订5月1日从上海到北京最早的直达国航航班最低价格的客票。要求预订机上前排靠窗座位,联系电话自拟。

5.旅客陈琳带有一名不到2周岁的婴儿陈小小,请为他们预订去程5月1日从上海到北京中午12时后的直达东航航班头等舱F,回程5月5日从北京到上海下午3时后直达东航航班头等舱F的客票,要求往返预订前排靠走道座位,联系电话自拟。

四、综合题

张伟和陈琳两人计划国庆外出,需要预订10月1日上海到深圳的机票。回程10月7日深圳到上海,往返航班要求中午12时后国航航班经济舱最低价格,旅客陈琳往返申请VGML餐,联系电话自拟,请为其完成旅客订座记录的建立,并要求预订机上前排靠窗的座位。请为其完成操作。

项目四

国内BSP电子客票的出票

● 任务一　打票机控制
● 任务二　客票的出票

> **项目概述**
>
> 在完成了旅客订座记录 PNR 的建立后,可以在此基础上进行电子客票的出票操作。本项目的内容主要包括打票机的控制,出票 PNR 的组成及其相关指令,自动生成票价组的指令,自动打印客票指令,电子客票的提取与阅读、电子客票的废票、挂起、解挂以及电子客票日常销售统计等操作。通过本项目的学习,要求掌握出票 PNR 的构成,自动生成票价组和自动打印客票的操作方法,掌握电子客票的提取、阅读、废票等其他日常业务中票务的相关操作。

任务一 打票机控制

任务清单

请根据任务清单完成本任务的学习。

课前预习	了解打票机的种类和作用
课中学习	1. 掌握查看打票机的操作方法
	2. 掌握控制打票机的操作方法
课后复习	1. 完成任务实施,加深对打票机查看和控制的熟练程度
	2. 梳理本任务所学知识,总结知识重难点,完善学习笔记

任务引入

工作人员已经为旅客王琳完成了客票预订,其订座记录编号是 LXZ1HA,该旅客现在提出要出票,在正式出票前,工作人员还应该做好哪些准备工作?

任务分析

在民航旅客订座系统中,打票机控制是一个非常重要的部分,只有对打票机进行有效的设置后,才能顺利完成出票业务。打票机的设置包括建立控制、打票机的输入与输出设置、上票等一系列操作。这些操作指令是能否进行出票操作的前提。

任务分解

　　自动出票机（Automatic Ticketing Device），又称作打票机，是一种专用的航空客票打印设备，用于国内、国际中英文客票的打印。而电子客票采用虚拟打票机，没有实体机，这点区别于普通 BSP 打票机。

　　打票机通过电缆与一台终端（或微机）连接，每台打票机都有唯一一个终端号（PID 号）；每一台打票机还有一个在本部门的序号，如 1、2；在使用打票机之前，需要通过一台终端建立控制；一台打票机同一时间内只能有一台控制终端；本部门（OFFICE）中的任何一台终端（无论其物理位置在哪里）都可以在该部门中定义的打票机上打票；当配置定义为国内票打票机时，该打票机即可打印国内客票；当配置定义为国际票打票机时，该打票机即可打印国际客票。

　　打票机是通过控制终端的一系列指令对其进行控制的。本节涉及的指令如下：
- DI：Device Information Display　显示打票机状态；
- EC：Establish Control　建立控制；
- TI：Start Ticketing Input　开始输入；
- TO：Start Ticketing Output　开始输出；
- XI：Stop Ticketing Input　停止输入；
- XO：Stop Ticketing Output　停止输出；
- TE：Ticketing Mode/Status　改变打票状态；
- XC：Release Control　退出控制。

活动一　打票机的认识

一、打票机简介
打票机分纸质客票打票机和电子客票打票机两种。

1. 纸质客票打票机

　　纸质客票打票机是一种专用的航空客票打印设备，通过标准电缆连接在终端的串行接口或并行接口上，通过终端与计算机联系，接收主机发来的各种指令和要打印的客票信息，在打印任务完成之后，向主机发回应答信号。

　　每台打票机都有唯一一个终端号（PID）和一个在本部门的序号，本部门中的任何一台终端（无论其物理位置在哪里），都可以在该部门中定义的打票机上打票。在使用打票机之前，必须为它指定本部门的一台控制终端，没有控制终端的打票机是不能工作的，一台打票机只能有一台控制终端，一台控制终端可以同时控制最多 5 台打票机。

2. 电子客票打票机

　　随着电子客票的普及，纸质客票打票机逐渐退出了市场。对应于电子客票的出票操作，需要有相应的电子客票打票机的支持。与纸质打票机相比，除了不存在一个实体的打票机之外，其他方面与纸质打票机类似，比如，每一个电子客票打票机都有唯一一个终端号，一个在本部门的序号，也受控制终端的监控等，各项控制指令与纸票打票机相同。

二、查看打票机

1. 显示打票机的工作状态

指令格式：

＞**DI**：打票机序号

例：显示本部门的第八台打票机的状态。

```
>DI: 8
                DEVICE INFORMATION DISPLAY – DEVICE 8

    DEVICE STATUS                              DEVICE DEFINITION
    ----------------------                     ----------------------------

    控制终端PID CONTROL PID: 18266              OFFICE: PEK099 部门代号
    建立控制的工作号 CONTROL AGENT: 8888         PID: 81865 打票机PID
    工作状态 STATUS: UP                         TTRIBUTE: TAT/ET 打票机属性
    输入状态 INPUT: ACTIVE                      MODE: DEMAND 打印方式
    输出状态 OUTPUT: ACTIVE                     TYPE: 4 打票类型
    数据传输是否正常 NACK:                       CURRENCY: CNY2 允许接收的货币类型
    等待打印的客票数 TICKETS: 0
    BOARDING PASS: 0
    AMS PID:
    LAST TKT    #              AIRLINE TICKET NUMBER RANGE
    ----------  -------        ------------------------------
    2055030049  BSP            2055030000 / 2055030100 票号范围
```

（打印的最后一张客票的票号）

【说明】

➢ 左侧状态部分的各项内容为：

STATUS 打票机的工作状态，它有三种形式：UP（工作状态）、DOWN（非工作状态）、DOWN Q 纸票打票机会遇到该情况。

INPUT 输入状态，是指打票机是否允许将需要打印的客票送入打印队列。它有两种状态：ACTIVE（工作状态）、INACTIVE（非工作状态）。

OUTPUT 输出状态，是指打票机是否允许输出。它有两种状态：ACTIVE（工作状态）、INACTIVE（非工作状态）。

NACK 数据传输是否正常的标志：空白正常状态，'X'不正常。

TICKET 等待打印的客票数。

BOARDING PASS 等待打印的登机牌数，未使用。

➢右侧的设备定义部分的各项内容分别为：

TYPE 打票机的类型，可以分为以下4种：
- 航空公司国际客票；
- BSP 国际客票；
- 航空公司国内客票；
- BSP 国内客票。

CURRENCY 打票机可以接收的货币代码，以及各种货币所要求保留的小数点位数。

➢ 在这个例子中的最后两行分别记录了最后一张打印客票的票号，以及目前使用的票号范围。若从未输入过票号范围，如打票机第一次使用，或电子客票打票机卸票后，DI 时将不显示该内容。本部门任何终端都可以使用该指令查看打票机信息。

2.查看本部门的打票机及航空公司授权信息

指令格式：

＞DDI：

例：

> ＞DDI：
> ********** TKT DEVICE INFORMATION DISPLAY *********
> ＝ OFFICE ：PEK099 ＝ IATA-NBR：13301116 ＝ TKT：ALLOW
> ＝ AMS：DISABLE
> ＝ AUTHORIZED AIRLINE CODES：
> 9W # VD 1 # OQ # PN # XF S7 GS # G5 1 # UO # EU 1 # HU 1 #
> MU 1 # CZ 1 # MF 1 # UA PR PY AF FM LH # BA # NW
> 3U 1 KA # ZH 1 SQ # QF # BI AI BK 1 # TG # NH KN #
> SC 1 CX # OM FV CA 3 # HO 1 # CN 1 # NS # JD 1 # CI #
> ＝ ＝ ＝ AGENCY INFORMATION ＝ ＝ ＝：
> PEK/T PEK099/T-66017755/TRAVEL SKY LIMIT/DONGSI WEST STREET 155：TESTING TEXT

```
   BSP TEST BSP TEST TESTE TESTSET
                          AGNT：12345
   ＝＝＝DEVICE INFORMATION＝＝＝：
   DEV  PID   TYPE   CTL- CTL- CURRENCY      TKT NUMBER RANGE IATA OFFPID
   AGENT NUMBER
   --- ----- ------- ----- ----- --------------- --------------------- ---------
   8 81865 4-BSPD#          CNY/USD   BSP 2055030000-30100
13301116
```

【说明】

该指令的作用是显示本部门的 BSP 用户信息,包括:部门代号、代理人代码、授权航空公司代码,及用户名称、地址、电话、工作号、PID、打票机信息等内容。

各项内容的含义为：

➢ OFFICE 本部门的 OFFICE 号；

➢ IATA-NBR 本部门的 IATA NUMBER；

➢ AUTHORIZED AIRLINE CODES 授权航空公司代码；

➢ AGENCY INFORMATION 代理人信息,包括电话、地址、工作号、PID 等信息；

➢ DEVICE INFORMATION 打票机信息,包括打票机序号、打票机 PID 号、打票机类型、建控终端 PID/AGENT、允许接收的货币类型、票号范围等。

3．显示 BSP 电子客票授权信息

BSP ET 对代理人授权采用两极授权机制,即对代理人售票处授权和对工作人员的工作号授权。代理人只有获得以上两极才能够出 BSP 电子客票(可以使用 ETDZ 指令)。代理人在申请时应同时上报用于 BSP ET 的工作人员的工作号。

(1)BSP ET 授权代理人信息查询 DDI。

代理人使用 DDI 指令可以查询本 OFFICE 是否得到某航空公司的 BSP ET 的授权。如果得到航空公司的授权,在该航空公司的代码后显示"#"。DDI 后面必须跟上":"。

例：

```
   ＞DDI：
   ************ TKT  DEVICE  INFORMATION  DISPLAY **************
   ＝OFFICE：HAK999    ＝TATA-NBR：081234567    ＝TKT：ALLOW＝  AMS：ENABLE
   ＝AUTHORIZED AIRLINE CODES：
   HU  3U  SC  CZ  ZH  CA  MF  MU  FM  HU  #
   ＝＝＝AGENCY INFORMATION＝＝＝
   HAK/T 0898-1234567/HAI NAN ABC DEFGH INDUSTRY CO.LTD./
   ADDRESS：HAK AA BBB ROAD DDDD BUILDING
   CONTACT：
   PHONE：0898-1234567
   FAX：0898-2345678                     PID：11066,17400T 45367-8T 4563 19709
```

```
TYPE：                        AGENT：5404,5405,31174-5
＝ ＝ ＝DEVICE INFORMATION ＝ ＝ ＝
DEV  PID  TYPE CTL-CTL-CURRENCY  TKT NUMBER RANG   IATA OFF-NUMBER
PID AGENT
1 17400 4-BSPD            CNY   BSP   5450495750-95899    08022766
2 45368 4-B               CNY   BSP   5450479750-79849    08022766
3 45366 4-B               CNY   BSP   5450479850-79999    08022766
4 63002 4-BSPD# 34348 29817 CNY BSP   5440202000-0249     08022766
```

【说明】

此例中的"HU #"表示该用户得到海航的 BSP ET 的授权，而"HU"依然表示 BSP 纸票的授权，最后一行里的 4 63002 4-BSPD#代表第 4 台打票机为航信分配的电子客票虚拟打票机。

（2）代理人工作号电子客票出票授权。

如果代理人已经获得某航空公司 BSP ET 的授权，还不能够出 BSP 电子客票，工作人员的工作号还需得到授权。

如果用户登录（SI）的工作号已经通过电子客票出票授权，则可以正常出票。

例：

```
＞ETDZ：2
CNY1100.00    M3408
ELECTRONIC TICKET ISSUED
```

【说明】

假定本部门的 BSP ET 打票机为 2 号打票机。OFFICE 和 AGENT 都经过授权，则可以正常出 BSP 电子客票。

如果用户登录的工作号没有得到电子客票出票的授权，则不能出票，并会返回"THIS AGENT IS NOT AUHORIZED FOR ETDZ！"提示信息，此时需要和中航信联系获得授权。

例：

```
＞ETDZ：2
THIS AGENT IS NOT AUHORIZED FOR ETDZ!
```

【说明】

假定本部门的 BSP ET 打票机为 2 号打票机。该 AGENT 未经过授权，则不能出 BSP 电子客票。

4.显示本售票处电子客票票证库存和使用情况

TOL 指令是票证管理系统中的报表统计查询指令，用户可以用它查看本单位（OFFICE）的票号库存和使用情况。

指令格式：

＞**TOL**：选项/航空公司代号

【说明】

➢ 选项：A—显示所有的票证信息；D—显示票证的卸票历史信息；不加选项时默认显示本单位中已经使用和当前正在使用的票。

➢ 航空公司代号：航空公司 BSP 两位代号，对于 BSP ET，AIRLINE COE 使用 XB。

图 4-1 所示为 TOL 指令示例。

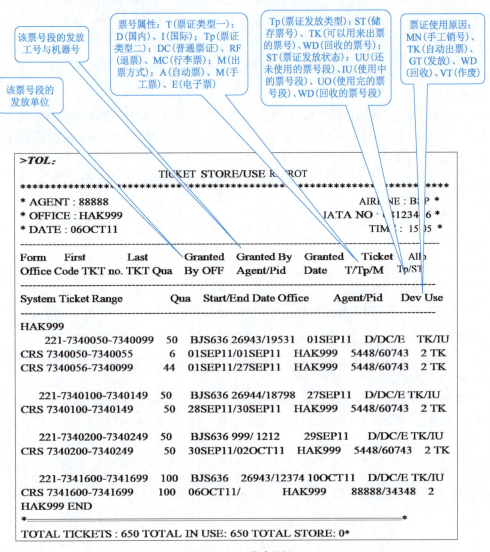

图 4-1 TOL 指令示例

活动二 打票机的控制

一、建立打票机的控制

指令格式：

＞EC:打票机序号

例：对本部门的第一台打票机建立控制。

> EC：1
> ACCEPTED

【说明】
➢ 一台打票机只有在某台终端建立了控制之后才能使用，而建立控制的这台终端就称为控制终端，它对出票机进行以下管理：
● 输入自动票的票号范围 TN；
● 控制出票机的输入、输出状态 TI、TO、XI、XO；
● 作废客票 VT；
● 退出控制 XC。
➢ 一台打票机同一时间内只能有一个控制终端，而一台控制终端可以最多控制 5 台打票机。
➢ 使用该功能建立控制时，终端与打票机必须定义在同一 OFFICE 中，并且打票机未被其他的终端控制。
➢ 出错信息提示：
● DEVICE   打票机的序号不正确。
● MAX DVC   该终端已经控制了最大允许的 5 台打票机。
● UNABLE   该打票机已经有了控制终端。

二、打开打票机输入状态

指令格式：
> TI：打票机序号

例：打开第一台打票机的输入。

> TI：1
> ACCEPTED

【说明】
➢ 该功能允许指定的打票机接收打票请求，允许本部门中的终端向打票机输送打票的命令，并将需要打印的客票送入打印队列。系统接收后，DI 中的 INPUT 项由 INACTIVE 变为 ACTIVE。

出错信息提示：
➢ DEVICE   打票机的序号不正确；
➢ UNABLE   该打票机的输入状态已经是 ACTIVE；
➢ AUTHORITY   没有权限，即该终端不是这台打票机的控制终端。

三、上票和卸票

1. 打票机上票

打票机上票功能可以让用户输入票号，以便能够正常出票。

指令格式：
>TN：打票机序号 X/客票号码
例：为 2 号打票机上票。

>TN：2X/227341600-41699
ACCEPTED

【说明】
➢ 其中：2 为打票机号，2217341600 是起始票号，41699 是结束票号。
➢ 所输入票号必须是在前述可利用的票号段范围之内（用 TOL 指令查询）。一次上票的票号范围最多不得超过 500 张。
➢ 电子客票上票必须遵循如下原则：即先分配的票号范围优先使用，在上一原则基础上序列号小的票号范围优先使用。
➢ 打票机上的客票用完后控制终端会收到"票证用完"的消息，即在票证用完之后会提示：DEVICE NN OOS，需要再次输入票号。
➢ 如果分配的某票号段全部用完，系统定期会将用完的票号段放入历史记录中，用户再做 TOL 指令将不会看见该票号段。
例：打票机输入票号以后，可以用 DI 指令查看打票机的上票结果。

```
>DI:2
DEVICE INFORMATION DISPAY   ——DEVICE 2
DEVICE STATUS                           DEVICE DEFINATION
----------------------------
------------------------------
CONTROL PID:34348                  OFFIE:HAK999
CONTROL AGENT:29817                PID:63002
STATUS:UP                          ATTRIBUTE:ATB/ET
INPUT:ACTIVE                       MODE:DEMAND
OUPUT:INACTIVE                     TYPE:2
NACK:                              CURRENCY:CNY2
TICKET:0
BOARDING PASS:0
AMS PID:
LAST TKT#         AIRLINE          TICKET NUMBER RANGE
-----------------                                 ---------------
------------------------------------------
NONE              BSP              2217341600/22141699
```

2. 打票机卸票

打票机卸票功能可以让用户卸下未使用的票号。

指令格式：

＞TN：打票机序号 D

例：第二台打票机卸票。

```
＞TN：2D
ACCEPTED
```

【说明】

2 为打票机号。

例：用 DI 指令查看打票机的卸票结果。

```
＞DI：2
DEVICE INFORMATION DISPAY ——DEVICE 2
DEVICE STATUS                    DEVICE DEFINATION
----------------------------
----------------------------
CONTROL PID：34348               OFFIE：HAK999
CONTROL AGENT：29817             PID：63002
STATUS：UP                       ATTRIBUTE：ATB/ET
INPUT：ACTIVE                    MODE：DEMAND
OUPUT：INACTIVE                  TYPE：2
NACK：                           CURRENCY：CNY2
TICKET：0
BOARDING PASS：0
AMS PID：
```

四、打开打票机输出状态

指令格式：

＞TO：打票机序号

例：打开第一台打票机的输出。

```
＞TO：1
＞ACCEPTED
```

【说明】

该功能允许指定的打票机将打印队列中的客票打印出来；系统接收后，DI 中的 OUTPUT 项由 INACTIVE 变为 ACTIVE；如果票在输出队列中等待，则打印命令立即开始。需要说明的是，电子客票不需要执行 TO 指令将 OUTPUT 项变为 ACTIVE 也可以出票，并且电子客票也不存在积压客票的情况。

出错信息提示：
- DEVICE 打票机的序号不正确；
- FORMAT 输入格式不正确；
- UNABLE 该打票机的输出状态已经是 ACTIVE；
- AUTHORITY 没有权限，即该终端不是这台打票机的控制终端；
- STOCK 票号范围尚未输入，必须先输入票号。

五、关闭打票机输入状态

指令格式：
＞XI：打票机序号
例：关闭第一台打票机的输入。

＞XI：1
＞ACCEPTED

【说明】
该功能将 DI 中的 INPUT 项由 ACTIVE 变为 INACTIVE，终止由终端向打票机发送打印客票的命令。

出错信息提示：
- DEVICE 打票机的序号不正确；
- FORMAT 输入的格式不正确；
- UNABLE 该打票机的输入状态已经是 INACTIVE；
- AUTHORITY 没有权限，即该终端不是这台打票机的控制终端。

六、关闭打票机输出状态

指令格式：
＞XO：打票机序号
例：关闭第一台打票机的输入。

＞XO：1
＞ACCEPTED

【说明】
该功能可以终止第一台打票机的输出，系统接收后，DI 中的 OUTPUT 项由 ACTIVE 变为 INACTIVE。

出错信息提示：
- DEVICE 打票机的序号不正确；
- FORMAT 输出的格式不正确；

> UNABLE 该打票机的输出状态已经是 INACTIVE；
> AUTHORITY 没有权限，即该终端不是这台打票机的控制终端。

七、退出打票机的控制

指令格式：
>**XC:打票机序号**
例：退出第一台打票机的控制。

>XC:1
>ACCEPTED

【说明】
XC 功能是与 EC 功能相反的一对指令，退出控制之后，DI 显示中的 CONTROL PID 和 CONTROL AGENT 随之变为空项。

【技巧】
> 在退出打票机的控制之前，首先应该查看 DI 中打票机的状态。
(1) 确认在打票机中没有等待输出的打印客票请求，即 DI 显示中的 TICKETS 项为 0；
(2) 且 NACK 项是空白而不是'X'；
(3) 不是在测试状态下。
然后才可以退出打票机的控制。以上操作是针对纸票打票机来说的，如果是电子客票打票机，则不用检查以上的内容了，因为电子客票不存在积压客票和使用测试票号的情况。
> 工作人员在没有退出打票机的控制之前，不能执行'SO'指令，否则终端上会显示'TICKET PRINTER IN USE'，即打票机正在使用，未退出控制，应先执行 XC 指令退控后工作人员才可以 SO 退出工作号。

出错信息提示：
> DEVICE 打票机的序号不正确；
> FORMAT 输入的格式不正确；
> ACK NACK 项有 X，应去除；
> OUTPUT TICKETS 项有积压客票；
> AUTHORITY 没有权限，即该终端不是这台打票机的控制终端。

任务实施

(1) 根据老师下发的打票机号和票号，完成打票机的控制及上票操作。
(2) 在上题的基础上，完成退出打票机控制和卸票操作。

任务评价

(1) 请评价人员根据表 4-1 对上述任务实施(1)进行评价。

任务实施评价表　　　　　　　　　　　　　　　　　　　表 4-1

评价标准	分值	自评(20%)	互评(20%)	师评(60%)
能按照要求登录订座系统	10			
能利用 DI 指令查看打票机的状态	20			
能识读打票机状态中各部分内容的含义	10			
能利用 EC 指令对打票机建立控制	20			
利用 TI 指令打开打票机的输入状态	20			
能利用 TN 指令上票	20			
合计	100			
总评				

(2) 请评价人员根据表 4-2 对上述任务实施(2)进行评价。

任务实施评价表　　　　　　　　　　　　　　　　　　　表 4-2

评价标准	分值	自评(20%)	互评(20%)	师评(60%)
能按照要求登录订座系统	10			
能利用 DI 指令查看打票机的状态	20			
能识读打票机状态中各部分内容的含义	10			
能利用 XC 指令退出打票机的控制	20			
能利用 XI 指令关闭打票机的输入状态	20			
能利用 TN 指令卸票	20			
合计	100			
总评				

任务二　客票的出票

任务清单

请根据任务清单完成本任务的学习。

课前预习	收集整理国航、东航、南航的国内机票出票的一般规定
课中学习	1. 掌握不同类型旅客出票的操作方法
	2. 掌握电子客票的提取、挂起和解挂及日常销售统计等的操作方法
课后复习	1. 完成任务实施,加深对不同类型旅客出票等操作的熟练程度
	2. 收集整理除国航、东航、南航外的其他国内航司国内机票出票的一般规定
	3. 梳理本任务所学知识,总结知识重难点,完善学习笔记

任务引入

旅客王琳已于 7 月 5 日订好 7 月 20 日南京—成都 CA4506 航班,7 月 26 日成都—南京 CA4505 航班,往返均是 Y 舱,记录编号是 LXZ1HA。现旅客提出要出票,工作人员该如何操作?

任务分析

旅客要正常出行,除了需要在系统中完成订座记录的建立,还对该订座记录操作出票,只有生成有效的客票号码才能办理值机手续正常出行。出票操作流程如图 4-2 所示;其中第一步如果是在已经完成的 PNR 上出票,需要先提取 PNR 再接着进行后续操作。第二至第四步可以根据个人操作习惯调整顺序,第四步不是必操作项,目的主要是在出票前对票面再次检查。在执行最后一步打印电子客票前还需要检查旅客证件信息是否录入。

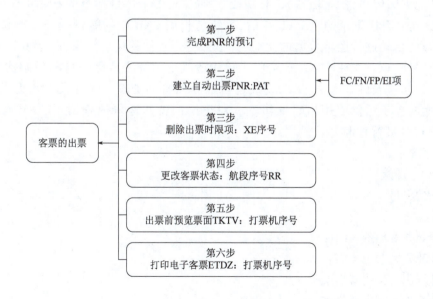

图 4-2 客票的出票操作流程

任务分解

活动一 普通旅客的出票

自动出票 PNR 包含以下几项：
- 姓名组 NM；
- 航段组 SS、SD、SN、SA；
- 联系组 CT；
- 其他信息组 OSI YY CTCT；
- 其他信息组 OSI YY CTCM；
- 票价组 FN
- 票价计算组 FC ⎬ 此三项可用 PAT:A 指令自动生成。
- 付款方式组 FP

还可以包含 RMK、SSR、OSI、旅游代码组 TC、签注信息组 EI、婴儿姓名组 XN 等项，其中姓名组、航段组、联系组、婴儿姓名组及 RMK、SSR 和 OSI 在上节中都已详细介绍，本节就不再重复。现介绍完成自动出票其他的指令。

一、生成票价组

为了简化代理人票价查询、计算流程，减少出票过程中的人为操作失误，提高工作效率，中国航信在航空公司（负责系统中发布维护产品特殊运价政策）的支持下，完善了订座系统中国内销售运价自动计算功能。在原有 PAT 运价指令的基础上，增加了指令参数 A；建立订座记录输入 PAT:A 后，系统将根据 PNR 中的航段、航班、舱位、日期、时刻等信息，自动进行运价数据的比对，并返回符合条件的运价结果，除运价金额、税项等计算结果外（FC/FN/FP 项），还会将运价中所规定的签注信息（EI）和旅游代号（TC）提取出来一起写入订座记录，从而完成运价计算的自动处理。代理人无须也无法进行修改，从而减少了运价使用出错的概率。对于国内特殊运价的查询，代理还可以通过 NFD 系列指令进行查询。

指令格式：
>PAT:A[选项]

【格式说明】
选项：
- 计算儿童票价＊CH；
- 计算婴儿票价＊IN；
- 计算因公带伤警察票价＊JC；
- 计算伤残军人票价＊GM；
- 计算第一名旅客票价/P1。

注："＊"是加在选项前的固定格式，只有指定旅客时不需要加"＊"。

例：为旅客王琳的订座记录生成票价组。

```
> RTLXZ1HA
1.王琳 LXZ1HA
2.CA4506 Y  TH20JUL   NKGCTU  HK1  1145  1430  319 S 0 ^ E ----
3.CA4505 Y  WE26JUL   CTUNKG  HK1  0840  1040  32S S 0 ^ E ----
4.SHA/T SHA/T010-80885338/BEIJING ORIENT BLUE SKY INTERNATIONAL
AVIATION SERVIC ECO.,LTD//GEXING ABCDEFG
5.TL/0945/20JUL/SHA001
6.SSR FOID CA HK1 NI320108199002060110/P1
7.SSR ADTK 1E BY sha20JUL23/ 0945 OR CXL CA4506 Y20JUL
8.SSR VGML CA ▶NO1◀ NKGCTU 4506 Y20JUL/P1
9.SSR VGML CA ▶NO1◀ CTUNKG 4505 Y26JUL/P1
10.SSR WCHR CA ▶KK1◀ CTUNKG 4505 Y26JUL/P1
11.SSR WCHR CA ▶KK1◀ NKGCTU 4506 Y20JUL/P1
12.OSI CA CTCM 13566777766/P1
13.RMK CA/LWLSML
14.SHA001
> PAT:A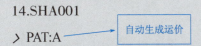

01 YHS+YHS FARE:CNY2930.00 TAX:CNY220.00 YQ:CNY60.00 TOTAL:3150.00

▶SFC:01     ▶SFN:01/01     ▶SFN:01/02

> SFC:01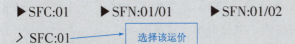

1.王琳 LXZ1HA
2.CA4506 Y  TH20JUL   NKGCTU  HK1  1145  1430  319 S 0 ^ E ----
3.CA4505 Y  WE26JUL   CTUNKG  HK1  0840  1040  32S S 0 ^ E ----
4.SHA/T SHA/T010-80885338/BEIJING ORIENT BLUE SKY INTERNATIONAL
AVIATION SERVICE CO.,LTD//GEXING ABCDEFG
5.TL/0945/20JUL/SHA001
```

6.FC/A/NKG CA CTU 1540 CA NKG 1390 CNY2930.00END

7.SSR FOID CA HK1 NI320108199002060110/P1

8.SSR ADTK 1E BY SHA20JUL23/ 0945 OR CXL CA4506 Y20JUL

9.SSR VGML CA ▼NO1◣ CTUNKG 4505 Y26JUL/P1

10.SSR VGML CA ▼NO1◣ NKGCTU 4506 Y20JUL/P1

11.SSR WCHR CA ▼KK1◣ NKGCTU 4506 Y20JUL/P1

12.SSR WCHR CA ▼KK1◣ CTUNKG 4505 Y26JUL/P1

13.OSI CA CTCM 13566777766/P1

14.RMK AUTOMATIC FARE QUOTE

15.RMK CA/LWLSML

16.RMK CMS/A/**

17.FN/A/FCNY2930.00/SCNY2930.00/C0.00/XCNY220.00/TCNY220.00/TEXEMPTYQ/ACNY3150.00

18.EI/BUDEQIANZHUAN不得签转/GAIQITUIPIAOSHOUFEI 改期退票收费

19.FP/CASH,CNY

20.SHA001

"A"为使用PAT:A指令自动生成FN/FC/FP/EI项标识

【说明】

➢ SFC:01 是系统自动返回的指令,用户只需要将光标放在 SFC:01 后面输入即可将运价添加到记录中,如果有 2 条或 2 条以上的运价时,将光标放在选定好的运价的 SFC 指令后输入即可。在 FC、FN 项中会体现自动运价计算标识:"A",并在记录中加入 RMKAU-TOMATIC FARE QUOTE 项,PAT:A 给出的运价是不允许修改的。

➢ 使用 PAT A 指令要求航程为国内航段,在 PNR 中不能含有 open 航段。

➢ 系统自动将 FC、FN、FP、EI、TC 等信息加入 PNR。FN 是票价组,显示的是运价总额和各项税金。FC 是运价计算组,显示的是 FN 中运价总额是如何组成的。FP 是付款方式组,EI 是签注栏,显示的是该客票的限制使用条件。TC 是旅游代码组,显示的是该客票适用的哪个运价文件。

➢ PAT:A 指令给出销售票价,FC/FN/FP 以及 EI、TC 项组合。PAT:A 可以计算以下几种价格:

● 完全匹配的净价,即净价系统中存在和代理人所定航段完全匹配的运价(包括始发地、中转地、目的地、舱位、航班、出票日期、旅行日期等);

● 净价+净价,对于除单程以外的航程,如果系统找不到完全匹配的净价,会把航段拆分,各自寻找符合条件的净价,然后把各段价格相加;

● 净价+公布价,对于除单程以外的航程,如果系统中不存在所有航段的净价,会寻找没有净价航段的公布价,然后将净价和公布价相加;

● 公布价,如果系统中不存在符合条件的净价,会把公布价取出来,如果是多个航段的,则将各段的公布价相加。

➢ 现在国内客票代理费由费率改为每段固定金额支付,C 为 0.00,SCNY 金额与 FCNY 金额相等,固定金额代理费在后期统一支付,在 FN 项中不显示。

✩ **知识拓展**

PNR 票价组中的 FN、FC、FP 三个项目的指令格式及说明如下:

1. FN 建立票价组

指令格式:

> FN:F 填于客票 FARE 栏内的票价/S 填于 CASH COLLECTION 的金额/C 填写于 COMM. RATE 栏中的代理费率/XCNY 税款合计的金额/TCNY 机场建设费的金额 CN/TCNY 燃油附加费的金额 YQ/A 填写于 TOTAL 栏内的总金额。

例:

> FN:FCNY1400.00/SCNY1400.00/C3.00/TCNY100.00CN/TCNY60.00YQ/ACNY1560.00

【说明】

➢ FN 中金额必须按顺序输入。

➢ 如果不输入 ACNY,系统自动默认 ACNY 的金额与税款加上票价金额相等。

➢ 重要的错误输入提示:

——CASH COLLECTIN(SCNY?????.??)LOST

FN 指令中没有输入 S 选项。

——COMMOSSION(C??.??)LOST

FN 指令中没有输入 C 选项。

——如果不输 XCNY,系统自动默认 CN 与 YQ 的税相加。

2. FC 票价计算组建立

1) 单程

指令格式:

> FC:始发城市或机场三字代码/承运人二字代码/到达城市或机场三字代码/该航程票价及运价级别/整个 PNR 中航程的票价及货币代号/END 结束标志

例:

> FC:SHA MU PEK 900.00Y CNY 900.00 END

2) 联程或来回程

指令格式:

> FC:始发城市或机场三字代码/承运人二字代码/到达城市或机场三字代码/第一航段票价及票价级别/承运人二字代码/到达城市或机场三字代码/第二航段票价及票价级别/整个 PNR 中全航程的票价及货币代号/END 结束标志

例：
> FC:SHA MU PEK 900.00Y MU TNA 500.00Y CNY 1400.00 END

3）联程中转
➢ 旅客的航程超过一个以上航班，需在某航班的中途站或终点站换乘另一个航班才能到达目的地，称之为联程中转。
➢ 联程中转票价是航空公司为了最大程度地利用舱位，整合运力资源推出的票价。与直达航班相对应，旅客在中转点换乘其他航班前往目的站，全程多个航段视为一个运价区所使用的票价，即为联程中转票价。

指令格式：
> FC:始发城市或机场三字代码/承运人二字代码/中转城市或机场三字代码/承运人二字代码/到达城市或机场三字代码/联程中转航段票价及票价级别/整个PNR中全航程的票价及货币代号/END结束标志

例：
> FC:PEK MU SHA MU XMN 600.00Q CNY600.00 END

3. FP 建立付款方式组
1）使用现金付款
> FP:CASH,CNY
2）使用支票付款
> FP:CHECK,CNY
> FP:CHEQUE,CNY

二、删除出票时限

系统要求出票时需要将订座记录中的出票时限项删除，否则不能成功完成出票。
指令格式：
> **XE**:序号
例：删除以下订座记录中的出票时限项。

> RT LXZ1HA
1. 王琳 LXZ1HA
2. CA4506 Y　TH20JUL　　NKGCTU　HK1　1145　1430　319 S 0 ^ E ----
3. CA4505 Y　WE26JUL　　CTUNKG　HK1　0840　1040　32S S 0 ^ E ----
4. SHA/T SHA/T010- 80885338/BEIJING ORIENT BLUE SKY INTERNATIONAL AVIATION SERVICE CO.,LTD//GEXING ABCDEFG
5. TL/0945/20JUL/SHA001
6. FC/A/NKG CA CTU 1540 CA NKG 1390 CNY2930.00END
7. SSR FOID CA HK1 NI320108199002060110/P1
8. SSR ADTK 1E BY SHA20JUL23/0945 OR CXL CA4506 Y20JUL
> XE5
1. 王琳 LXZ1HA

```
   2.CA4506 Y   TH20JUL    NKGCTU   HK1   1145    1430    319 S 0 ^ E ----
   3.CA4505 Y   WE26JUL    CTUNKG   HK1   0840    1040    32S S 0 ^ E ----
   4.SHA/T SHA/T010-80885338/BEIJING ORIENT BLUE SKY INTERNATIONAL
AVIATION SERVICE CO. ,LTD//GEXING ABCDEFG
   5.FC/A/NKG CA CTU 1540 CA NKG 1390 CNY2930.00END
   6.SSR FOID CA HK1 NI320108199002060110/P1
   7.SSR ADTK 1E BY SHA20JUL23/0945 OR CXL CA4506 Y20JUL
```

【说明】

该订座记录中的第 5 行"TL/0945/20JUL/SHA001"已删除。

三、更改客票状态

国内各航空公司要求在出票前,必须将客票的状态更改为再确认状态。

指令格式:

>航段序号 **RR**

例:将该客票更改为再确认状态。

```
   >2RR
   3RR
   1.王琳 LXZ1HA
   2.CA4506 Y   TH20JUL    NKGCTURR1 1145    1430    319 S 0 ^ E ----
   3.CA4505 Y   WE26JUL    CTUNKGRR1  0840    1040    32S S 0 ^ E ----
   4.SHA/T SHA/T010-80885338/BEIJING ORIENT BLUE SKY INTERNATIONAL
AVIATION SERVICE CO. ,LTD//GEXING ABCDEFG
   5.FC/A/NKG CA CTU 1540 CA NKG 1390 CNY2930.00END
   6.SSR FOID CA HK1 NI320108199002060110/P1
   7.SSR ADTK 1E BY SHA20JUL23/0945 OR CXL CA4506 Y20JUL
   8.SSR VGML CA ▶ NO1 ▼   NKGCTU 4506 Y20JUL/P1 +
```

【说明】

该客票状态已从 HK 状态更改为 RR 状态。

四、出票前预览票面

出票前预显示功能帮助代理人客户在出票前提前预览将要打印的客票内容,及时发现客票票面上可能的问题,减少由于填开不正确的客票给客户带来的损失。

指令格式:

>**TKTV**:打票机序号

例:出票前预览票面。

>RT
1. 王琳 LXZ1HA
2. CA4506 Y TH20JUL   NKGCTU RR1 1145 1430 319 S 0 ^ E ----
3. CA4505 Y WE26JUL   CTUNKG RR1 0840 1040 32S S 0 ^ E ----
4. SHA/T SHA/T010-80885338/BEIJING ORIENT BLUE SKY INTERNATIONAL AVIATION SERVICE CO.,LTD//GEXING ABCDEFG
5. FC/A/NKG CA CTU 1540 CA NKG 1390 CNY2930.00END
6. SSR FOID CA HK1 NI320108199002060110/P1
7. SSR ADTK 1E BY SHA20JUL23/0945 OR CXL CA4506 Y20JUL
8. SSR VGML CA ▶ NO1 ◀   NKGCTU 4506 Y20JUL/P1
9. SSR VGML CA ▶ NO1 ◀   CTUNKG 4505 Y26JUL/P1
10. SSR WCHR CA ▶ KK1 ◀   CTUNKG 4505 Y26JUL/P1
11. SSR WCHR CA ▶ KK1 ◀   NKGCTU 4506 Y20JUL/P1
12. OSI CA CTCM 13566777766/P1
13. RMK AUTOMATIC FARE QUOTE
14. RMK CA/LWLSML
15. RMK CMS/A/ **
16. FN/A/FCNY2930.00/SCNY2930.00/C0.00/XCNY220.00/TCNY220.00/TEXEM-PTYQ/ACNY3150.00
17. EI/BUDEQIANZHUAN 不得签转/GAIQITUIPIAOSHOUFEI 改期退票收费
18. FP/CASH,CNY
19. SHA001
>TKTV:1/P1
AIR CHINA
NKG/NKG
LXZ1HA/1E   SHA001/DEV-01
南京   NKG CA 4506 Y20JUL 1145 OKY 20K
成都双流   CTU CA 4505 Y26JUL 0840 OKY 20K
南京
CNY 1540.00NKG CA CTU 1540 CA NKG 1390 CNY2930.00END
CN 100.00
YQ 120.00   CASH(CNY)
CNY2930.00
CNY3150.00

【说明】
➢ 屏幕上会显示此记录出票时的票面信息,如果票面确认无误,就可以使用直接出票了。

> 一般情况下,屏幕显示为半屏,可以使用 P 指令显示全部票面信息。

> 使用此指令前,应输入完整的出票信息(FN/FC/FP 等)。

> 该指令一次只能查看一名旅客票面,所以当记录中有多名旅客时,需要选择旅客出票,否则系统会提示:CAN VIEW ONLY ONE TKT。

五、打印电子客票

在一个安装了自动出票机的部门,工作人员 ETDZ 指令,把所建立的 PNR 从指定的出票机打印出相应的客票。

指令格式:

>ETDZ:打票机序号/旅客序号,结算航空公司代码,出票选项

【指令说明】

(1)出票选项包括成人和婴儿,如果不指定则表示成人及其携带的婴儿客票同时打印:

ADL—只打印指定旅客序号的成人客票;

INF—只打印指定旅客序号的婴儿客票。

(2)当工作人员执行 ETDZ 指令后,系统会自动完成出票并且对该 PNR 封口。

(3)一次打印的团体客票数不超过 30,大于 30 人的团体可分多次打票。

如:>ETDZ:1/P1-P30

>ETDZ:1/P31-P50

应用举例:

(1)使用一号打票机,默认第一承运人为出票承运人,完成整个 PNR 中的旅客客票出票。

>ETDZ:1

(2)使用一号打票机,默认第一承运人为出票承运人,完成第一位成人携带婴儿的成人旅客的客票出票。

>ETDZ:1/P1,ADL

(3)使用一号打票机,默认第一承运人为出票承运人,完成第一位成人携带婴儿的婴儿旅客的客票出票。

>ETDZ:1/P1,INF

(4)使用一号打票机,默认第一承运人为出票承运人,完成第一位成人携带婴儿的成人和婴儿旅客的同时出票。

>ETDZ:1/P1

(5)使用一号打票机,默认第一承运人为出票承运人,完成第一位至第六位成人旅客的客票出票。

>ETDZ:1/P1-P6,ADL

实例操作:

第一步,提取 PNR。

>RT LXZ1HA

1.王琳 LXZ1HA

2.CA4506 Y　TH20JUL　　NKGCTU　　RR1　　1145　　1430　　319 S 0 ^ E ----

3. CA4505 Y　WE26JUL　　CTUNKG　RR1　0840　1040　32S S 0 ^ E ----

4. SHA/T SHA/T010-80885338/BEIJING ORIENT BLUE SKY INTERNATIONAL AVIATION SERVICE CO. ,LTD//GEXING ABCDEFG

5. FC/A/NKG CA CTU 1540 CA NKG 1390 CNY2930.00END

6. SSR FOID CA HK1 NI3201081990020601 10/P1

7. SSR ADTK 1E BY SHA20JUL23/0945 OR CXL CA4506 Y20JUL

8. SSR VGML CA ▼ NO1 ▼　NKGCTU 4506 Y20JUL/P1

9. SSR VGML CA ▼ NO1 ▼　CTUNKG 4505 Y26JUL/P1

10. SSR WCHR CA ▼ KK1 ▼　CTUNKG 4505 Y26JUL/P1

11. SSR WCHR CA ▼ KK1 ▼　NKGCTU 4506 Y20JUL/P1

12. OSI CA CTCM 135667777766/P1

13. RMK AUTOMATIC FARE QUOTE

14. RMK CA/LWLSML

15. RMK CMS/A/ **

16. FN/A/FCNY2930.00/SCNY2930.00/C0.00/XCNY220.00/TCNY220.00/TEXEM-PTYQ/ACNY3150.00

17. EI/BUDEQIANZHUAN 不得签转/GAIQITUIPIAOSHOUFEI 改期退票收费

18. FP/CASH,CNY

19. SHA001

第二步,打印电子客票。

> ETDZ:1
CNY3370.00　　　　LXZ1HA
999-2017330101
ET PROCESSING...PLEASE WAIT!
ELECTRONIC TICKET ISSUED

小链接

　　2003年,由中国航信起草的《中国民航电子客票标准》正式颁布。当时,电子客票在国内还是新生事物,人们无法理解,没有实体机票要拿什么登机,一些航空公司也有疑虑,把机票全交给数据管理,出现问题怎么办？然而中国航信坚定地相信,这是中国民航事业前所未有的发展机遇。面临来自多方面的压力,中国航信在发展先进技术的同时,大力进行电子票的推广工作。2007年,中国后来居上,在全球实现了100%的电子客票普及率,成为全世界电子客票普及率最高的国家。这是国航第一张电子客票的行程单,随着中国民航事业突飞猛进的发展,中国航信始终致力于利用信息化手段方便旅客全流程一体化出行,2019—2020年,共保障5亿多人次旅客体验"无纸化"便捷通关。中国航信用心保障民航信息系统安全稳定地运行,助力中国民航飞向更广阔的天空。

链 接 分 析

本案例反映了中国航信在推动民航电子客票标准颁布以及电子客票普及方面所作出的重要贡献,体现了创新、发展和服务民众的思政价值。

(1)创新与领导力:中国航信在2003年颁布中国民航电子客票标准的举措,体现了创新精神和领导力。尽管电子客票在当时还是一个新兴事物,但中国航信坚定地认为这是中国民航业的发展机遇。这种勇于尝试和领导决策的精神,符合思政中培养创新创业精神的目标。

(2)技术与现代化发展:在面临航空公司和公众对电子客票的质疑和疑虑时,中国航信坚持发展先进技术,大力推广电子客票。这体现了社会主义现代化建设的思政目标,通过技术手段提升民众生活水平,推动国家现代化进程。

(3)全球领先地位:在持续努力下,中国在2007年全球率先实现了100%的电子客票普及率,成为电子客票普及率最高的国家。这反映了中国航信在民航领域取得的重要突破,体现了中国在特定领域具备全球领先地位的思政价值。

(4)服务社会民众:中国航信的努力不仅体现了技术的应用,更是为了方便民众的出行,提升旅客体验。在2019—2020年,为5亿多人次旅客实现"无纸化"便捷通关,反映了服务人民群众的初心,符合社会主义核心价值观。

(5)信息安全与国家发展:中国航信的努力保障民航信息系统安全稳定地运行,为国家民航事业的发展提供了有力支持。这体现了维护国家信息安全和发展的思政目标,也符合社会主义核心价值观中的安全与和谐。

综上所述,这个案例展示了中国航信在民航电子客票标准制定、推广普及以及服务社会等方面的优秀表现,与社会主义核心价值观的要求高度契合。通过技术创新、服务提升和信息安全保障,中国航信为国家的发展和人民的幸福作出了积极贡献,体现了"爱国、创新、明德、求实"的思政价值观。

六、出票实例操作

请为旅客张明预订10月18日从西安至海口的航班,并完成出票。

第一步,首先使用AV:指令查询电子客票航班,订座的过程与普通机票的订座过程相同。在PNR的航段航后有电子客票航班标识,表示该航班是电子客票航班(带有E标识)。

```
>AV:XIYHAK18OCT
18OCT(MON) XIHAK
1- HU3068 XIYHAK 2100 2340 733 0^E AS# FC C AC YA BS  KS LS MS NS *
2   CZ3233 XIYHAK 2120 2350 757      DS# CA DA IA JA YA KQ HQ MQ GQ
>SD1Y/1
```

1.HU3068 Y MO18OCT XIYHAK DR1 2100 2340　737　0 R E A
   2.HAK/T HAK/T 0898-66701769/HAI NAN CO. LTD.
   4.HAK128
　>NM1 张明
　>CT:64575060
　>OSI:CZ CTCT1334520122
　>OSI:CZ CTCM1381445780/P1
　>PAT:A
   01 Y FARE:CNY1730.00 TAX:CNY50.00CN YQ:TCNY60.00YQ TOTAL:1840.00
　>SFC:01
   1.张明
   2.HU3068 Y MO18OCT XIYHAK DR1 2100 2340　737　0 R E A
   3.HAK/T HAK/T 0898-66701769/HAI NAN CO. LTD.
   4.NC
   5.FC/A/XIY HU HAK 1730.00Y CNY1730.00END
   6.SSR FOID HU HK NI11038488477595/P1
   7.OSI:CZ CTCT1334520122
   8.OSI:CZ CTCM1381445780/P1
   9.FN/A/FCNY1730.00/SCNY1730.00/C3.00/XCNY110.00/TCNY50.00CN/
-TCNY60.00YQ/ACNY1840.00
   10.FP:CASH,CNY
   11.HAK128
　>SSR:FOID HU HK NI31010454554454554/P1

【说明】
在出电子客票之前,必须对 PNR 中每一个旅客的正确的身份证件号码进行识别,即 SSR FOID 项。如输入错误的身份识别号,旅客在机场将无法办理值机手续,代理人必须及时修正旅客的错误的身份识别号。

第二步,电子客票的打印。

   1.张明
   2.HU3068 Y MO18OCT XIYHAK DR1 2100 2340　737　0 R E A
   3.HAK/T HAK/T 0898-66701769/HAI NAN CO. LTD.
   4.NC
   5.FC/A/XIY HU HAK 1730.00Y CNY1730.00END
   6.SSR FOID HU HK NI11038488477595/P1
   7.OSI:CZ CTCT1334520122

8. OSI:CZ CTCM1381445780/P1
9. FN/A/FCNY1730.00/SCNY1730.00/C3.00/XCNY110.00/TCNY50.00CN/
-TCNY60.00YQ/ACNY1840.00
10. FP:CASH,CNY
11. HAK128
>2RR
ETDZ:4
CNY1840.00   R6D03
ET PROSESSING …PLEASE WAIT
ELECTRONIC TICKET ISSUED

【说明】

➢ 代理人执行 ETDZ 指令之后，系统首先会返回金额和 CRS PNR 的记录编号，然后出现"ET PROCESSING…PLEASE WAIT"的提示，最终出票成功后系统返回信息提示"ELECTRONIC TICKET ISSUED"。

➢ 电子客票出票成功的标志是"ELECTRONIC TICKET ISSUED"，如果没有出现该信息提示，表示该电子客票没有成功出票，代理人可以用 TSL 指令查看出票失败的票号，在当天还可以用出票重试指令 ETRY 将出票失败的 PNR 重新出票。

第三步，建议出票后提出并核对该 PNR。

>RT:R6D03
** ELECTRONIC TICKET PNR **
1.张明
2. HU3068 Y MO18OCT XIYHAK RR1 2100 2340   737   0 R E A
3. HAK/T HAK/T 0898-66701769/HAI NAN CO. LTD.
4. 64575060
5. T
6. SSR FOID HU HK1 NI11038488477595/P1
7. SSR OTHS 1E TKTL ADV TKT NBR TO HU BY 16OCT04/2100/PEK TIM/OR NO ALL SG/BCS HU3068/Y/18OCT/XIYHAK
8. SSR TKNE HU HK1 XIYHAK 3068 Y18OCT 8805440202032/1/P1
9. RMK CA/BQH5E
10. FN/A/FCNY1730.00/SCNY1730.00/C3.00/XCNY110.00/TCNY50.00CN/TCNY-60.00YQ/ACNY1840.00
11. TN/880-5440202032/P1
12. FP:CASH,CNY
13. HAK128

【说明】

在完成电子客票出票后,系统在 PNR 中加入电子客票标识＊＊ELECTRONIC TICKET PNR＊＊,电子客票票号项(SSR TKNE)和票号项。

出票失败实例操作:

重订一个 PNR,ETDZ 出票。

>ETDZ:4
CNY5170.00　　QPW0T
ET PROCESSING…PLEASE WAIT!
153 ERROR

【说明】

如果电子客票出票失败,系统可能返回"×××ERROR"的错误提示,×××是错误编号。此电子客票出票失败,系统返回的错误提示"153 ERROR"。

提取 PNR 查看出票失败的结果:

>RT:QPW0T
1. 张明
2. HU3068 Y MO18OCT XIYHAK DR1 2100 2340　737　0 R E A
3. HAK/T HAK/T 0898-66701769/HAI NAN CO. LTD.
4. NC
5. T
6. SSR FOID HU HK1 NI110384 88477595/P1
7. SSR TKNE HU HN1 XIYHAK 3068 Y18OCT 8805440202032/1/DPN63006/P1
8. RMK CA/BQH5E
9. FN/FCNY1730.00/SCNY1730.00/C3.00/XCNY110.00/TCNY50.00CN/TCNY60.-00YQ/ACNY1840.00
10. TN/880-5440202032/P1
11. FP:CASH,CNY
12. HAK128

【说明】

➢ 因各种原因(比如系统传送等)导致无出票成功提示或者出现"ELECTRONIC TICKET TRANSATION TIMEOUT"时,用出票重试指令 ETRY。

➢ 提示该出票失败的电子客票 CRS PNR,发现 PNR 的第一行没有电子客票标识＊＊ELECTRONIC TICKET PNR＊＊,并且 SSR TKNE 项中存在 DPN63006,63006 为电子客票打票机 PID 号。

七、出票重试指令

指令格式：

ETRY：

【指令说明】

在原 PNR 基础上重新出票。

第一步，查看当天出票失败的 BSP-ET。

＞TSL：C/4

在销售报表中查看所有当前出票失败的记录，出票失败的记录在报表中以"BSP ET IS-SUE FAILED"标出来。

第二步，提取出票失败电子客票 CRS PNR。

＞RT：××××

出票失败的 PNR 记录中会自动生成 SSR TKEN…DPN63002/P1 和 RMK CA/×××× 项，缺少两项的 PNR 将无法进行重试指令 ETRY。

第三步，执行重新指令 ETRY。

＞ETRY：4

第四步，查看销售报表中记录的状态。

＞TSL：4

重试成功以后，销售表报中的原失败记录与其他成功出票的记录一样。

【说明】

➢ 出票失败的 PNR 中，须生成"SSR TNKE…DPN××××/P1"和"RMK CA/×××× "项，才能使用 ETRY 指令；如缺少这 2 项内容，将不允许操作。

➢ 该 PNR 是今天销售的，如不是当天销售，操作 ETRY 指令将提示：CAN NOT RETRAY THIS ET，TICKET IS OUT OF DATE。

➢ ETRY 指令操作时，冒号必须要写，否则系统不能正常执行，即操作"ETRY："。

如果 ETRY 指令结果失败，系统会返回"××× ERROR"的错误提示。

活动二　特殊旅客的出票

一、儿童的电子客票

儿童按照儿童客票预订规则完成订座后，使用儿童票价指令：PAT：A＊CH。

实例操作：

一名儿童张小宝已经完成了 8 月 1 日上海—北京的机位预订，PNR 为 LE0XAQ，现要求出票。

第一步，提取已经完成的 PNR：LE0XAQ。

```
＞RTLE0XAQ
1. 张小宝 CHD LE0XAQ
2. CA1858  Y   TU01AUG   PVGPEK   HK1   0750   1015   747 S 0 ^ E T2T3
3. SHA/T SHA/T010-80885338/BEIJING ORIENT BLUE SKY INTERNATIONAL AVIATION SERVICE CO. ,LTD//GEXING ABCDEFG
```

4. TL/0550/01AUG/SHA001

5. SSR FOID CA HK1 NI310108201805010099/P1

6. SSR CHLD CA HK1 01MAY18/P1

7. SSR ADTK 1E BY SHA01AUG23/0550 OR CXL CA1858 Y01AUG

8. OSI CA CTCM 13544556677/P1

9. RMK CA/L1XZX0

10. SHA001

第二步，生成儿童票价组。

>PAT:A*CH

01 YCH50 FARE:CNY620.00 TAX:CNY30.00 YQ:CNY30.00 TOTAL:650.00

▶SFC:01   ▶SFN:01/01

>SFC:01

1. 张小宝 CHD LE0XAQ

2. CA1858 Y TU01AUG   PVGPEK   HK1   0750   1015   747 S 0 ^ E T2T3

3. SHA/T SHA/T010-80885338/BEIJING ORIENT BLUE SKY INTERNATIONAL AVIATION SERVICE CO.,LTD//GEXING ABCDEFG

4. TL/0550/01AUG/SHA001

5. FC/A/CH/PVG CA PEK 620 CNY620.00END

6. SSR FOID CA HK1 NI310108201805010099/P1

7. SSR CHLD CA HK1 01MAY18/P1

8. SSR ADTK 1E BY SHA01AUG23/0550 OR CXL CA1858 Y01AUG

9. OSI CA CTCM 13544556677/P1

10. RMK AUTOMATIC FARE QUOTE

11. RMK CA/L1XZX0

12. RMK CMS/A/**

13. FN/A/CH/FCNY620.00/SCNY620.00/C0.00/XCNY30.00/TCNY30.00/TEXEMP-TYQ/ACNY650.00

14. EI/BUDEQIANZHUAN 不得签转/GAIQITUIPIAOSHOUFEI 改期退票收费

15. FP/CH/CASH,CNY

16. SHA001

第三步，删除出票时限项。

>XE4

1. 张小宝 CHD LE0XAQ

2. CA1858 Y TU01AUG   PVGPEK   HK1   0750   1015   747 S 0 ^ E T2T3

3. SHA/T SHA/T010-80885338/BEIJING ORIENT BLUE SKY INTERNATIONAL AVIATION SERVICE CO. ,LTD//GEXING ABCDEFG

4. FC/A/CH/PVG CA PEK 620 CNY620.00END

5. SSR FOID CA HK1 NI310108201805010099/P1

6. SSR CHLD CA HK1 01MAY18/P1

7. SSR ADTK 1E BY sha01AUG23/0550 OR CXL CA1858 Y01AUG

8. OSI CA CTCM 13544556677/P1

9. RMK AUTOMATIC FARE QUOTE

10. RMK CA/L1XZX0

11. RMK CMS/A/**

12. FN/A/CH/FCNY620.00/SCNY620.00/C0.00/XCNY30.00/TCNY30.00/TEXEMP-TYQ/ACNY650.00

13. EI/BUDEQIANZHUAN 不得签转/GAIQITUIPIAOSHOUFEI 改期退票收费

14. FP/CH/CASH,CNY

15. SHA001

第四步,更改客票状态。

>2RR

1. 张小宝 CHD LE0XAQ

2. CA1858 Y TU01AUG PVGPEK RR1   0750   1015   747 S 0 ^ E T2T3

3. SHA/T SHA/T010-80885338/BEIJING ORIENT BLUE SKY INTERNATIONAL AVIATION SERVICE CO. ,LTD//GEXING ABCDEFG

4. FC/A/CH/PVG CA PEK 620 CNY620.00END

5. SSR FOID CA HK1 NI310108201805010099/P1

6. SSR CHLD CA HK1 01MAY18/P1

7. SSR ADTK 1E BY SHA01AUG23/0550 OR CXL CA1858 Y01AUG

8. OSI CA CTCM 13544556677/P1

9. RMK AUTOMATIC FARE QUOTE

10. RMK CA/L1XZX0

11. RMK CMS/A/**

12. FN/A/CH/FCNY620.00/SCNY620.00/C0.00/XCNY30.00/TCNY30.00/TEXEMP-TYQ/ACNY650.00

13. EI/BUDEQIANZHUAN 不得签转/GAIQITUIPIAOSHOUFEI 改期退票收费

14. FP/CH/CASH,CNY

15. SHA001

第五步，打印电子客票。

> ＞ETDZ:1
> CNY680.00　　　　LE0XAQ
> 999-2017330101
> ET PROCESSING...PLEASE WAIT!
> ELECTRONIC TICKET ISSUED

二、婴儿的电子客票

（1）按正常出票流程，生成一个成人的 PNR 记录；

（2）在 PNR 中输入婴儿信息，XN 等指令；

（3）在 PNR 中输入 SSR INFT 项，格式为：SSR INFT 航空公司代码 Action-Code 1 城市对航班号 舱位 航班起飞日期 婴儿姓/婴儿名出生日期/自由文本/Pn 也可用 SSR INFT 航空公司代码 Action-Code 1 婴儿姓/婴儿名 出生日期/自由文本/Pn/Sn（n 为航段序号）来表示；

（4）封口后，重新提记录编号，当订座记录 SSR INFT 项中的行动代号由"NN"改变为"KK"时，则表示申请确认可以出票；

（5）婴儿票价指令："PAT:A＊IN"；

（6）输入打票指令，＞ETDZ:打票机号，系统将直接生成两个票号。

实例操作：

成人带婴儿的出票操作。

> ＞NM:1 测试
>
> ＞SS:MF3068 Y 18OCT XIYHAK /RR1
>
> ＞CT:63013699
>
> ＞OSI:MF CTCT 13855667788
>
> ＞OSI:MF CTCM 13912558811/P1
>
> ＞PAT:A
>
> ＞SSR FOID HK/NI63242465135115 /P1
>
> ＞XN:IN/小宝 INF(JUL06)/P1
>
> ＞SSR INFT MF NN1/ XIAO/BAO 18DEC06/P1/S2　　（S2表示PNR中航段组的序号）
>
> ＞RT:
>
> 1.测试 NYD7E
>
> 2.MF3068 Y MO18OCT XIYHAK DR1 2100 2340 733 0 R E A
>
> 3.HAK/T HAK/T 0898-66701769/HAI NAN KAI SHENG INDUSTRY CO.LTD./ABCDEFG

4. SHA/63013699

5. OSI:MF CTCT 13855667788

6. OSI:MF CTCM 13912558811/P1

7. FC/A/XIY MF HAK 1730.00Y CNY1730.00END

8. FN/A/FCNY1730.00/SCNY1730.00/C3.00/XCNY110.00/TCNY50.00CN/TCNY8-0.00YQ/ACNY1860.00

9. FP/CASH,CNY

10. SSR FOID HK/NI63242465135115 /P1

11. XN:IN/小宝 INF(JUL06)/P1

12. SSR INFT MF HK1/XIYHAK MF 3068 Y 18OCT XIAO/BAO 17DEC06/P1

13. HAK128

＞PAT:A＊IN

＞FN:A/IN/FCNY170.00/SCNY170.00/C0.00/TEXEMPTCN/TEXEMPTYQ

＞FC:A/IN/XIY MF HAK 170.00 CNY170.00END

＞FP:IN/CASH,CNY

＞EI:IN/不得签转

＞ETDZ:3

CNY1930.00   NYD7E

ET PROSESSING …PLEASE WAIT

ELECTRONIC TICKET ISSUED

【说明】
➢ 成人和婴儿的票价组可以通过 PAT:和 PAT:＊IN 指令自动生成。
➢ 婴儿需手工输入 SSR INFT 项。

活动三 团体旅客的出票

为团体 PNR 开票时要注意,打票机一次最多可以接收 30 张票。

例:30 人以上的记录打票应分几次进行。

0.84CASGRP NM84 MDG8J

85. NW081 Y SA12FEB LGADTW HK84 1240 1435

86. NW088 C SA12FEB DTWPEK HK84 1540 1840＋1

87. BJS/T PEK/T 010-65538922/CHINA AIR SERVICE COMPANY/DONG SU HUA ABCDEFG

88. 66160652

89. TL/1200/1FEB/BJS191

90. FC/NYC F-PC NW X/DTT NW BJS 1966.00C2F NUC1966.00END ROE1.00

```
91. FN/FUSD1966.00/ECNY16280.00/SCNY16280.00/C10.00/XCNY128.00/
-TCNY103.00US/TXFCNY25.00US/ACNY16408.00
    92. TC/J22BA827
    93. EI/NW ONLY/BSR 8.278145
    94. FP/CHECK,CNY
    95. BJS191
  >XE:29
  >DETZ:1/P1-P30
CNY488400.00 MDG8J
  >RT：MDG8J
  >ETDZ:1/P31-P60
CNY488400.00 MDG8J
  >RT：MDG8J
  >ETDZ:1/P61-P84
CNY390720.00 MDG8J
```

例：打印团体记录中部分旅客客票。上例中，打印第 15 位旅客的客票：
>ETDZ:1/P15

打印第 1、第 21、第 24 位旅客的客票：
>ETDZ:1/P1/P21/P24

活动四　电子客票记录的提取和阅读

一、提取电子客票记录

提取电子客票记录使用 DETR 指令（表 4-3）。在提取电子客票记录时，如果满足 DETR 指令输入的查找内容的客票记录超过一张，将列出所有的有效电子客票记录。如果一个符合的电子客票记录，系统显示这张电子客票的票面信息。

DETR 指令说明　　　　　　　　　　　表 4-3

编号	指令格式	指令说明
1	DETR:TN/票号	按照票号提取电子客票记录
2	DETR:NI/身份证号	按照旅客的身份识别号提取电子客票记录
3	DETR:NM/旅客姓名	按照旅客的姓名提取电子客票记录
4	DETR:CN/ICS 订座记录编号	按照航空公司系统的订座记录编号提取电子客票记录（目前不支持 CRS 订座记录编号）
5	DETR:CN/ICS 订座记录编号,C	按照航空公司系统订座记录编号提取该 PNR 对应的全部电子客票记录
6	DETR:TN/票号,H	提取电子客票历史票面记录

1. 按照票号提取电子客票记录

例：

>DETR:TN/880-5440202032
ISSUED BY:HAINAN AIRLINES   ORG/DST:SIA/HAK   BSP-D
TOUR CODE
PASSENGER:张明
EXCH: CONJ TKT:
O FM:1XIY HU   3068 Y 18OCT 2100   OK Y   20KOPEN FOR USE
RL:BQH5E   /R6D03   1E
TO:HAK
FARE：   CNY1730.00   FOP：
TAX：   CNY50.00CN   OI：
TOTAL： CNY1780.00   TKTN:880-5440202032

2. 按照ICS的订座记录编号提取该电子客票记录

例：

>DETR:CN/BQH5E
ISSUED BY:AINAN AIRLINES   ORG/DST:SIA/HAK   BSP-D
TOUR CODE
PASSENGER:张明
EXCH: CONJ TKT:
O FM:1XIY HU   3068 Y 18OCT 2100   OK Y   20KOPEN FOR USE
RL:BQH5E   /R6D03   1E
TO:HAK
FARE：   CNY1730.00   FOP：
TAX：   CNY50.00CN   OI：
TOTAL： CNY1780.00   TKTN:880-5440202032

或出现以下情况：

>DETR:CN/BQH66
TOO MANY TICKET ENTRY

【说明】

按照ICS订座记录编号提取电子客票记录，由于该PNR含有较多旅客，系统会出现"TOO MANY TICKET ENTRY"的提示，此时可以采用两种办法处理：

● 利用指令DETR:CN/ICS记录编号,C来提取该PNR对应的全部电子客票记录；

● 提出 CRS 订座记录编号的票号,通过票号分别提取电子客票记录。

3. 按照旅客姓名来提取电子客票记录

例:

>DETR:NM/张明
ISSUED BY:HAINAN AIRLINES   ORG/DST:SIA/HAK   BSP-D
TOUR CODE
PASSENGER:张明
EXCH: CONJ TKT:
O FM:1XIY HU   3068 Y 18OCT 2100   OK Y   20KUSED/FLOWN
RL:BQH5E   /R6D03   1E
TO:HAK
FARE: CNY1730.00   FOP:
TAX: CNY50.00CN   OI:
TOTAL: CNY1780.00   TKTN:880-5440202032

二、阅读电子客票票面信息

电子客票票面信息说明如下:

ISSUED BY:HAINAN AIRLINES   ORG/DST:SIA/HAK   BSP-D
TOUR CODE
PASSENGER:张明
EXCH: CONJ TKT:
O FM:1XIY HU   3068 Y 18OCT 2100   OK Y   20KOPEN FOR USE
RL:BQH5E   /R6D03   1E
TO:HAK
FARE: CNY1730.00   FOP:
TAX: CNY50.00CN   OI:
TOTAL: CNY1780.00   TKTN:880-5440202032

【说明】
➢ ET 类型标识(右上角)。
● BSP-D 航协电子客票——国内;
● BSP-I 航协电子客票——国际;
● ARL-D 航空公司电子客票——国内;
● ARL-I 航空公司电子客票——国际。
➢ 客票状态见表 4-4。

客票状态说明   表 4-4

编号	客票状态	状态代号	说明
1	OPEN FOR USE	A	客票有效
2	VOID	V	已作废
3	REFUND	R	已退票
4	CHECK IN	C	正在办理登机
5	USED/FLOWN	F	客票已使用
6	SUSPENDED	S	挂起状态，客票不能使用
7	LIFT/BOARDED	L	已登机
8	EXCHANGED	E	电子客票换开

活动五 客票的其他操作

一、作废电子客票

VT:指令用来作废电子客票。
指令格式：
VT:打票机号/起始票号—结束票号/CRS 记录编号
【指令说明】
将电子客票作废。
例：

```
＞VT:4/8805440202032/QY80P
ET    TRANSACTION    SUCCESS
```

【说明】
将 4 号打票机出的 8805440202032 这张票作废。注意，使用 VT:指令前首先要建立打票控制。VT:指令只能在当天。客票作废后应注意将所订的 PNR 删除或重新出票。

```
＞DETR: TN 8805440202032
ISSUED BY:HAINAN AIRLINES            ORG/DST:HAK/BJS   BSP-D
TOUR CODE
PASSENGER:张明
EXCH:                                CONJ TKT:
O FM:1HAK HU7281    Y 20OCT 1250   OK Y           20KVOID
RL:BQH5E    /QY80P    1E
TO:PEK
FARE:      CNY1200.00       FOP:
TAX:       CNY50.00CN       OI:
TAX:       CNY60.00YQ
TOTAL:     CNY1310.00       TKTN:880-5440202032
```

【说明】
➢ 票号作废之后,使用 DETR:指令检查电子客票作废情况,发现客票已经作废;
➢ 已作废的票号不能被还原。

二、挂起和解挂电子客票

主要功能:将电子客票状态改为 SUSPENDED。在这种状态下,值机、改签、作废三个功能将被禁止。有利于代理人对电子客票进行管理。挂起操作的目的:解决代理销售电子客票收款过程中的风险。

1. 电子客票状态挂起

指令格式:
＞TSS:TN/TICKET NUMBER/S
或＞TSS:CN/BPNR/S

2. 电子客票状态解挂

指令格式:
＞TSS:TN/TICKET NUMBER/B
或＞TSS:CN/BPNR/B
例:

```
＞TSS:TN/9992437364748/S
ACCEPTED
＞DETR:TN/9992437364748
ISSUED BY:HAINAN AIRLINES        ORG/DST:BJS/HAK        BSP-D
E/R:不得签转退票收费
TOUR CODE                                          RECEIPT PRINTED
PASSENGER:张明
EXCH:                                 CONJ TKT:
O FM:1HAK HU7282     Y 20OCT 1250   OK Y            20K SUSPENDED
RL:BQH5E     /QY80P    1E
TO:PEK
FC:28OCT05PEK HU HAK1200.00CNY1200.00END
    FARE:     CNY1200.00        FOP:
    TAX:      CNY50.00CN        OI:
    TAX:      CNY60.00YQ
```

【说明】
在执行解挂操作时,会判断解挂工作号,必须与做挂起操作同一工作号,否则将被禁止进行解挂操作。

三、电子客票日常销售统计

1. 统计电子客票销售量 TSL

代理人在结束一天的工作后或在工作当中,需要对出票量进行统计,这包括对工作人员出票量的统计,对本部门中所有打票机出票量的统计和对一段时间内某一台打票机出票量的统计。

TSL 是专为 BSP 中性客票代理人提供的指令,它可以帮助销售人员及时、动态地了解当日客票销售情况,同时可以灵活、准确地得到各种统计数据,为实现对 BSP 中性客票日常使用的有效管理,以及制作相关的销售日报带来了极大的方便。同时,TSL 还可以帮助财务人员检查客票的使用情况,以及作废、退票的情况。建议用户每天工作结束之后,将 TSL 的内容打印并保存下来,以备日后核对和检查使用。

指令格式:

TSL:[选项]/打票机序号/[数据类型]

TSL 指令选项说明见表 4-5。

表 4-5 TSL 指令选项说明

指令格式	指令说明
无	查询打票机打出的最近 10 张客票情况
A	显示每个工作人员的出票量
C	完整数据显示,当选择它时,系统不仅显示每一张客票的有关数据,而且显示根据全部客票得出的统计数据;统计数据包括总票款、应付航空公司票款、应得代理费和税款。如不选择,则系统默认为不显示统计数据
F	按照航空公司显示出票量
V	作废数据显示,当使用 V 选项时,系统仅显示当日作废的客票数据,其他正常客票的数据不显示出来。如不选择 V 项,则系统默认为显示全部数据(包括作废客票)
R	退票数据显示,当使用 R 选项时,系统仅显示当日退票的客票数据,其他正常客票的数据不显示出来。如不选择 R 项,则系统默认为显示全部数据(包括作退票)
T	仅显示统计小结数据,不显示具体客票信息
L	显示全部客票信息

【说明】

数据类型:可以由用户选择指定的数据。目前,可以由用户指定的数据类型有三种:航空公司代码、营业员工作号、起始票号(票号后 7 位)。当用户指定了数据类型后,系统仅显示与此类型有关的数据,以及相应的统计结果。如不指定数据类型,则系统默认为显示全部数据。

例:显示第八台打票机上全部数据(包括统计数据)。

```
    > TSL C/8
****************************************************************
              *  CAAC MIS OPTAT DAILY-SALES-REPORT  *
  *
*
```

```
     * OFFICE：PEK099    IATA NUMBER：13301116      DEVICE：8/81865
     *
     * DATE：18AUG                         AIRLINE：ALL  *
       ------------------------------------------------------
       TKT-NUMBER    ORIG-DEST   COLLECTION    TAXS    COMM%    PNR
AGENT
       ------------------------------------------------------
       880-5440200002 BJS CAN    1200.00       50.00   3.00     JM4803 8888
       880-5440200001 XIY BJS      10.00               3.00     JS5405 8888
       999-1234567891 PEK PVG    1130.00       50.00   3.00     JQPW0T 8888
           *===================================*
       TOTAL TICKETS：3（0 TICKETS VOID /0 TICKETS REFUND）
            -------------NORMAL TICKETS----------------------------
       NORMAL FARE-- AMOUNT：              2340.00 CNY
       CARRIERS -- AMOUNT：                2269.80 CNY
       COMMIT -- AMOUNT：                    70.20 CNY
       NORMAL TAX -- AMOUNT：               100.00 CNY
            -------------REFUND TICKETS----------------------------
       NET REFUND -- AMOUNT：0.00 CNY
       DEDUCTION -- AMOUNT：0.00 CNY
       REFUND TAX -- AMOUNT：0.00 CNY
```

【说明】

各数据项含义如下：

- OFFICE　代理人的 OFFICE 号；
- IATA NUMBER　航协号；
- DEVICE　打票机序号/打票机 PID 号；
- DATE　查看的日期；
- AIRLINE　航空公司代码；
- TKT-NUMBER　票号；
- ORIG-DEST　始发城市和到达城市，如果是作废客票则显示 VOID；
- COLLECTIONS　实收旅客票款；
- TAXS　税款；
- COMM%　代理费率；
- PNR　订座记录编号；
- AGENT　工作人员工作号；
- FARE—AMOUNT　实收票款总和；
- CARRIERS—AMOUNT　应付承运人票款总额；

> COMMIT—AMOUNT 代理费总额；
> TAX—AMOUNT 税款总额；
> NET REFUND 实际退票金额；
> DEDUCTION 退票费；
> REFUND TAX 退票的税款。

其他格式举例：

＞TSL：1 显示第一台打票机上最近打印的 10 张客票的数据。

＞TSL：V/1 显示第一台打票机当日作废客票的数据。

＞TSL R/1 显示第一台打票机当日退票的数据。

＞TSL：1/CA 显示第一台打票机当日所出客票中，结算航空公司是 CA 的数据。

＞TSL：C/1/CA 显示第一台打票机当日所出客票中，结算航空公司是 CA 的数据（包括统计数据）。

＞TSL：L/1 显示第一台打票机上全部数据（不包括统计数据）。

＞TSL：1/1234 显示第一台打票机当日所出客票中，由工作号为 1234 的工作人员所出的客票的数据。

＞TSL：A/1 按照工作人员显示第一台打票机的出票量。

＞TSL：F/1 按照航空公司显示第一台打票机出票量。

＞TSL：T/1 只显示第一台打票机当日销售票款总额。

＞TSL：1/4567890 显示第一台打票机当日所出客票中，从票号为 4567890 开始的客票数据（不包括统计数据）。其中，4567890 为客票票号的后 7 位数字。

技巧：

使用 TSL 指令查看结算数据时，如果当天某一台打票机出票过多，可能会出现数据显示不全的现象，会在屏幕的右下角显示"&"，此时可以使用通过指定票号后 7 位的方式来查看剩下显示不全的票号数据。例如：

```
     ****************************************************************
***
                   *  CAAC MIS OPTAT DAILY-SALES-REPORT  *
     *
*
     *  OFFICE : PEK099    IATA NUMBER : 13301116      DEVICE : 8/81865
*
     *  DATE : 18AUG                                   AIRLINE: ALL
*
        ---------------------------------------------------------
        TKT-NUMBER    ORIG-DEST    COLLECTION    TAXS    COMM%    PNR   AGENT
        ---------------------------------------------------------
```

880-5440200002 8888	BJS CAN	1200.00	50.00	3.00	JM4C03
880-5440200001 8888	XIY BJS	10.00		3.00	JT5405
999-1234567891 8888	PEK PVG	1130.00	50.00	3.00	JQPR0T
479-1234567892 8888	SIA XNN	550.00	50.00	3.00	JDFQ1I
479-1234567893 8888	XNN SIA	490.00	50.00	3.00	JDFQ1L
781-1234567894 8888	SIA WUH	520.00	50.00	3.00	JDFL1L
880-1234567895 8888	BJS NKG	690.00	50.00	3.00	JNJ3HS
880-1234567896 8888	BJS NKG	690.00	50.00	3.00	JNJ3HS
880-1234567897 8888	BJS NKG	690.00	50.00	3.00	JNJ3HS
781-1234567898 8888	XNN SHA	1850.00	50.00	3.00	HYNJY0
781-1234567900 8888	BJS TAO	710.00	50.00	3.00	HMG81W
781-1234567901 8888	BJS TAO	710.00	50.00	3.00	HMG81W
781-1234567902 8888	WUH TAO	560.00	50.00	3.00	HMF91N
999-1234567903 8888 &	BJS SIA	880.00	50.00	3.00	HED2S3

因为数据过多，导致无法看到 999-1234567903 以后的数据，此时可以使用 TSL:8/4567904 指令来查看 1234567904 开始的数据。

TSL 指令对广大 BSP 代理人来说是非常有用的统计指令，它可以帮助代理人对一天的出票量有一个准确的量化概念。每天工作结束之后可以用此指令统计一下出票量，这对于制作销售日报和对加强票证的管理都有很大的帮助。

2. 查询某结算周期的销售报表 TPR

TPR 指令可以查询当前销售周期电子客票的销售情况，可以显示指定电子客票打票机的销售情况。系统保存了最近三天的销售数据。

指令格式：
TPR 选项/打票机序号/日期

TPR 指令说明见表 4-6。

TPR 指令说明　　　　　　　　　　　　　　　　表 4-6

指令格式	指令说明
>TPR:1/-	查看第一台打票机昨天打票情况
TPR:T/1/-	查看昨天销售票款总额
TPR:C/1/-	查看第一台打票机昨天打票情况及票款总额
TPR:V/1/13OCT00	查看 2000 年 10 月 13 日作废票记录
TPR:A/1/-	显示每个工作人员昨天的出票量
TPR:F/1/-	按照航空公司显示昨天的出票量
TPR:C/1/-/9306	查看工作号 9306 昨天在第一台打票机上的出票情况

【说明】

当天的销售数据应使用 TSL 指令来查询，而 TPR 则是用来查询最近三天的销售数据，显示信息与之前的 TSL 信息一致。

任务实施

分小组进行不同角色（旅客和工作人员）的扮演，按照旅客提出的要求，工作人员完成以下操作练习：

（1）案例 1：为成人旅客张伟预订 3 月 25 日上海—北京国航最早一班直达经济舱最低价的机票，证件信息和联系电话自拟，预订完成后并出票。

（2）案例 2：为儿童旅客张欣怡预订 4 月 5 日成都—杭州东航中午 12 时后直达航班 F 舱机票，证件信息和联系电话自拟，预订完成后并出票。

（3）案例 3：为成人旅客张伟并带一婴儿赵小小预订 3 月 25 日上海—北京国航最早一班直达经济舱最低价的机票，证件信息和联系电话自拟，预订完成后并出票。

（4）案例 4：案例 1 中张伟已完成出票，但还未付款，因此需要将客票先做挂起操作，付款成功后再解挂。

（5）案例 5：案例 2 中儿童旅客张欣怡已完成出票后立刻发现航程有错误，因此先操作废票，再重新预订客票并完成出票。

任务评价

请评价人员根据表 4-7 对上述任务实施中案例 1 至案例 3 实施情况进行评价。

任务实施评价表　　　　　　　　　　　　　　　　表 4-7

评价标准	分值	自评(20%)	互评(20%)	师评(60%)
能根据旅客要求完成客票的预订	20			
能正确控制打票机	20			
能自动生成票价组	20			

续上表

评价标准	分值	自评(20%)	互评(20%)	师评(60%)
能自动打印客票	20			
小组分工良好,能使用礼貌用语与旅客进行沟通	10			
能认真点评其他小组的情景模拟,并提出解决方案	10			
合计	100			
总评				

请评价人员根据表 4-8 对上述任务实施中案例 4 实施情况进行评价。

任务实施评价表　　　　　　　　　　　　表 4-8

评价标准	分值	自评(20%)	互评(20%)	师评(60%)
能根据旅客要求完成客票的预订	20			
能正确控制打票机	20			
能自动生成票价组并打印客票	20			
能正确操作客票的挂起操作	10			
能正确操作客票的解挂操作	10			
小组分工良好,能使用礼貌用语与旅客进行沟通	10			
能认真点评其他小组的情景模拟,并提出解决方案	10			
合计	100			
总评				

请评价人员根据表 4-9 对上述任务实施中案例 5 实施情况进行评价。

任务实施评价表　　　　　　　　　　　　表 4-9

评价标准	分值	自评(20%)	互评(20%)	师评(60%)
能根据旅客要求完成客票的预订	20			
能正确控制打票机	20			
能自动生成票价组并打印客票	20			
能正确操作客票的废票	10			
能正确预订正确的行程并完成出票	10			
小组分工良好,能使用礼貌用语与旅客进行沟通	10			
能认真点评其他小组的情景模拟,并提出解决方案	10			
合计	100			
总评				

项目总结

(1)本项目介绍了打票机控制方法,掌握了普通旅客和特殊旅客、团体旅客客票的出票操作,重点学习了 PAT:A 自动生成运价指令和 ETDZ 打印客票指令及其多种使用格式,应熟练掌握其中常用的格式。此外还学习了客票的提取等相关操作。

（2）成人和儿童如果订相同舱位可以建立在同一个 PNR 中，但是由于票价不同，所以要使用 PAT:A 和 PAT:A*CH 指令，并且需要分别跟上成人和儿童的序号。

（3）婴儿必须跟成人订在同一个 PNR 中，使用 PAT:A*IN 指令自动生成运价。

（4）执行客票打印指令前必须检查是否输入证件号码，婴儿除外。否则无法成功完成出票。

项目综合练习

一、选择题

1. 查看打票机状态的指令是(　　)。
   A. DA   B. DI   C. ID   D. IG
2. 对打票机建立控制的指令是(　　)。
   A. SP   B. EC   C. DA   D. CE
3. 打开打票机的输入状态的指令是(　　)。
   A. TI   B. IT   C. TO   D. OT
4. 用于出票的指令是(　　)。
   A. ETDZ   B. EDTZ   C. EZTD   D. ETZD
5. 用于提取电子客票票面的指令是(　　)。
   A. DETR   B. DERT   C. DTRE   D. DTER
6. 出票重试的指令是(　　)。
   A. ETDZ   B. ETRY   C. ERTY   D. EZDT
7. 电子客票挂起的指令是(　　)。
   A. DETR   B. TSS   C. SST   D. TST
8. 电子客票作废的指令是(　　)。
   A. TC   B. TV   C. VT   D. CT
9. 自动生成票价组的指令是(　　)。
   A. PA   B. PAT   C. TAP   D. PAA
10. 电子客票销售量统计的指令是(　　)。
    A. TPR   B. TSL   C. TLS   D. TRP

二、判断题

1. 一台打票机同一时间内只能有一个控制终端，而一台控制终端可以最多控制五台打票机。（　　）
2. 执行 PAT:A 指令自动将会生成 FN、FC、FP 项。（　　）
3. 在提取电子客票记录时，如果满足 DETR 指令输入的查找内容的客票记录超过一张，将列出所有的有效电子客票记录。（　　）
4. 电子客票作废指令 VT 可以随时作废客票，无时间限制。（　　）

5. 在执行电子机票解挂操作时,会判断解挂工作号,必须与做挂起操作同一工作号,否则将被禁止进行解挂操作。（ ）

三、实操练习题

1. 成人旅客韩冬预订 2 月 6 日上海—北京国航最早一班直达经济舱最低价的机票,证件信息和联系电话自拟,请为其完成预订并出票。

2. 为有成人陪伴儿童旅客张欣怡预订 3 月 5 日成都—杭州、3 月 9 日杭州—成都,往返要求东航中午 12 时后直达航班 F 舱机票,证件信息和联系电话自拟,请为其完成预订并出票。

3. 为成人旅客韩冬携带一婴儿韩涵,预订 2 月 6 日上海—北京国航最早一班直达经济舱最低价的机票,证件信息和联系电话自拟,请为其完成预订并出票。

4. 案例 1 中旅客已完成出票,但还未付款,因此需要将客票先做挂起操作,付款成功后再解挂。

5. 案例 2 旅客已完成出票后立刻发现航程有错误,因此先操作废票,再重新预订客票并完成出票。

四、综合题

成人旅客韩冬携带一儿童韩静、一婴儿韩涵,要求预订 8 月 1 日南京—天津、8 月 10 日天津—南京,往返要求国航中午 12 时后直达经济舱最低价的机票,证件信息和联系电话自拟,预订完成后并出票。出票后旅客未完成客票的支付,因此需将三人客票挂起,支付成功后再解挂,请为其完成操作。

项目五

客票的变更与退票

* 任务一 客票的变更
* 任务二 客票的退票

项目概述

为旅客完成客票出票是客票销售工作中的主要工作内容,而客票的退改签操作是客票售后服务中的主要工作内容,根据旅客需求,快速高效准确的完成相关操作,也是工作人员优质服务质量的重要体现。本项目的内容主要包括了打票机的控制、客票的出票、客票的退票以及客票的变更换开操作。通过本项目学习,重点要求掌握电子客票的出票及退改签操作。

任务一 客票的变更

任务清单

请根据任务清单完成本任务的学习。

课前预习	收集整理国航、东航、南航电子客票变更的一般要求
课中学习	1. 掌握电子客票手工变更操作
	2. 掌握电子客票自动变更操作
课后复习	1. 完成任务实施,加深对电子客票的变更的熟练程度
	2. 收集整理国内其他航司电子客票变更的一般要求
	3. 梳理本任务所学知识,总结知识重难点,完善学习笔记

任务引入

旅客王琳购买了 7 月 20 日南京—成都、回程成都—南京 7 月 26 日的机票,购票后发现证件信息不对,同时由于个人原因,需要将去程延后一天,其他不变,作为工作人员,该如何操作?

任务分析

旅客的旅行证件信息必须正确完整地输入至 PNR，且证件必须真实有效，否则旅客将不能办理值机。因此一旦发现证件错误，必须尽快完成变更。此外，在机票有效的情况下，还可对客票上的航班信息进行变更，如变更乘机日期、航班等，但不变更航段和承运人。一般情况下，旅客的姓名也不允许变更，因此在为旅客订座时务必确保旅客姓名正确，以免带来不必要的损失。客票的变更分旅客自愿变更和非自愿变更两种情况，自愿变更要视购买客票的具体要求来决定手续费的收取，非自愿变更通常免收手续费。

任务分解

在 CRS 中，不仅提供了手工变更客票的指令，航信也开发了可以使用自动变更客票的指令，使客票的变更更为准确高效。

活动一　手工变更客票

一、变更旅客身份标识信息

电子客票允许更改旅客身份标识信息。更改旅客身份标识信息的操作流程如下：
- 提取电子客票旅客订座记录 PNR；
- 删除 PNR 中原旅客身份标识信息，输入新旅客身份标识信息；
- PNR 封口@；
- 提取 PNR 查看身份标识信息是否修改成功。

实例操作：

旅客王琳已购买机票票号为 999-2017330101，由于预订客票时身份证信息录入错误，现需要将身份证信息修改为 310109199801012233。

第一步，提取电子客票旅客订座记录 PNR。

```
 >RT LXZ1HA
 ** ELECTRONIC TICKET PNR **
 1.王琳 LXZ1HA
 2. CA4506 Y  TH20JUL   NKGCTU  RR1  1145  1430   319 S 0 ^ E ----
 3. CA4505 Y  WE26JUL   CTUNKG  RR1  0840  1040   32S S 0 ^ E ----
 4. SHA/T SHA/T010-80885338/BEIJING ORIENT BLUE SKY INTERNATIONAL
AVIATION SERVICE CO. ,LTD//GEXING ABCDEFG
 5. T
 6. SSR FOID CA HK1 NI320108199002060110/P1
```

7. SSR TKNE CA HK1 CTUNKG 4505 Y26JUL 9992017330101/2/P1
8. SSR TKNE CA HK1 NKGCTU 4506 Y20JUL 9992017330101/1/P1
9. SSR ADTK 1E BY SHA20JUL23/0945 OR CXL CA4506 Y20JUL
10. SSR WCHR CA ▶ KK1 ◀ CTUNKG 4505 Y26JUL/P1
11. SSR WCHR CA ▶ KK1 ◀ NKGCTU 4506 Y20JUL/P1
12. OSI CA CTCM 13566777766/P1
13. RMK AUTOMATIC FARE QUOTE
14. RMK CA/LWLSML
15. RMK CMS/A/**
16. FN/A/FCNY2930.00/SCNY2930.00/C0.00/XCNY220.00/TCNY220.00/TEXEMPTYQ/ACNY3150.00
17. EI/BUDEQIANZHUAN 不得签转/GAIQITUIPIAOSHOUFEI 改期退票收费
18. TN/9992017330101/P1
19. FP/CASH,CNY
20. SHA001

第二步,删除 PNR 中原身份证信息,输入新的身份证信息。

> XE6
SSR FOID CA HK/NI310109199801012233/P1
** ELECTRONIC TICKET PNR **
1. 王琳 LXZ1HA
2. CA4506 Y TH20JUL   NKGCTU RR1 1145 1430   319 S 0 ^ E ----
3. CA4505 Y WE26JUL   CTUNKG RR1 0840 1040   32S S 0 ^ E ----
4. SHA/T SHA/T010-80885338/BEIJING ORIENT BLUE SKY INTERNATIONAL AVIATION SERVICE CO.,LTD//GEXING ABCDEFG
5. T
6. SSR FOID CA XX1 NI320108199002060110/P1
7. SSR FOID CA HK/NI310109199801012233/P1

第三步,封口。

> @
CA4506   Y TH20JUL   NKGCTU RR1   1145   1430
CA4505   Y WE26JUL   CTUNKG RR1   0840   1040
LXZ1HA

第四步,提取编码,查看修改结果。

```
>RTLXZ1HA
   ** ELECTRONIC TICKET PNR **
  1.王琳 LXZ1HA
  2.CA4506 Y  TH20JUL   NKGCTU  RR1  1145  1430  319 S 0 ^ E ----
  3.CA4505 Y  WE26JUL   CTUNKG  RR1  0840  1040  32S S 0 ^ E ----
  4.SHA/T SHA/T010-80885338/BEIJING ORIENT BLUE SKY INTERNATIONAL AVIA-
TION SERVICE CO.,LTD//GEXING ABCDEFG
  5.T
  6.SSR FOID CA HK1 NI310109199801012233/P1
  7.SSR TKNE CA HK1 CTUNKG 4505 Y26JUL 9992017330101/2/P1
  8.SSR TKNE CA HK1 NKGCTU 4506 Y20JUL 9992017330101/1/P1
  9.SSR ADTK 1E BY SHA20JUL23/0945 OR CXL CA4506 Y20JUL
 10.SSR WCHR CA ▶ KK1 ◀   CTUNKG 4505 Y26JUL/P1
 11.SSR WCHR CA ▶ KK1 ◀   NKGCTU 4506 Y20JUL/P1
 12.OSI CA CTCM 13566777766/P1
 13.RMK AUTOMATIC FARE QUOTE
 14.RMK CA/LWLSML
 15.RMK CMS/A/**
 16.FN/A/FCNY2930.00/SCNY2930.00/C0.00/XCNY220.00/TCNY220.00/TEXEMPTYQ/
ACNY3150.00
 17.EI/BUDEQIANZHUAN 不得签转/GAIQITUIPIAOSHOUFEI 改期退票收费
 18.TN/9992017330101/P1
 19.FP/CASH,CNY
 20.SHA001
```

二、手工变更航班流程

通常情况下,电子客票允许更改航班,但改期时所更改航班的航段、航空公司不变。当更改航班的订座舱位低于原航班的舱位时,应请旅客先申请退票再重新购票;当更改的航班的订座舱位高于原航班的舱位时,应使用换开功能为旅客做升舱处理。

当更改的航班的订座舱位和原航班一致时,可以采用如下的方式进行处理。

若原PNR未过期,对电子客票进行航班变更的操作流程如下:

(1)提取旅客记录PNR;根据PNR中的票号提取票面查看票面状态是否为OPEN FOR USE;

(2)变更航班,建立新航段并将航段状态变为RR,取消旧航段;

(3)输入新的电子客票票号项SSR TKNE;取消旧SSR TKNE 项;

(4)PNR 封口;

(5)提取票面,核对票面航段是否更新,如果已更新,说明改期成功。

实例操作:

旅客王琳原购买了 7 月 20 日南京—成都 CA4506 航班 Y 舱机票,7 月 26 日回程,由于行程有变,现在需要将去程改期至 7 月 21 日 CA4506 航班 Y 舱。

第一步,提取旅客订座记录,根据 PNR 中的票号提取票面查看票面状态。

```
   >RTLXZ1HA
   ** ELECTRONIC TICKET PNR **
   1. 王琳 LXZ1HA
   2. CA4506  Y   TH20JUL    NKGCTU   RR1   1145   1430    319 S 0 ^ E ----
   3. CA4505  Y   WE26JUL    CTUNKG   RR1   0840   1040    32S S 0 ^ E ----
   4. SHA/T SHA/T010-80885338/BEIJING ORIENT BLUE SKY INTERNATIONAL AVIATION SERVICE CO. ,LTD//GEXING ABCDEFG
   5. T
   6. SSR FOID CA HK1 NI3101091998010122233/P1
   7. SSR TKNE CA HK1 CTUNKG 4505 Y26JUL 9992017330101/2/P1
   8. SSR TKNE CA HK1 NKGCTU 4506 Y20JUL 9992017330101/1/P1
   9. SSR ADTK 1E BY SHA20JUL23/0945 OR CXL CA4506 Y20JUL
   10. SSR WCHR CA ▶ KK1 ◣    CTUNKG 4505 Y26JUL/P1
   11. SSR WCHR CA ▶ KK1 ◣    NKGCTU 4506 Y20JUL/P1
   12. OSI CA CTCM 13566777766/P1
   13. RMK AUTOMATIC FARE QUOTE
   14. RMK CA/LWLSML
   15. RMK CMS/A/ **
   16. FN/A/FCNY2930.00/SCNY2930.00/C0.00/XCNY220.00/TCNY220.00/TEXEMPTYQ/ACNY3150.00
   17. EI/BUDEQIANZHUAN 不得签转/GAIQITUIPIAOSHOUFEI 改期退票收费
   18. TN/9992017330101/P1
   19. FP/CASH,CNY
   20. SHA001
   >DETR:TN/999-2017330101
   ISSUED BY: AIR CHINA              ORG/DST: NKG/NKG         BSP-D
   TOUR CODE:
   PASSENGER:王琳
   EXCH:                                CONJ TKT:
   O FM: 1NKG CA    4506   Y 20JUL 1145 OK Y    20JUL/10JUL 20K OPEN FOR USE
```

```
    RL:LWLSML    /LXZ1HA 1E
    O TO:2CTU CA    4505    Y 26JUL 0840 OK Y    26JUL/10JUL 20K OPEN FOR USE-
RL:LWLSML    /LXZ1HA 1E
    TO:NKG
    FARE:              CNY   2930.00|FOP:CASH
    TAX:            CNY 100.00CN|OI:
    TAX:            CNY 120.00YQ|
    TOTAL:          CNY   3150.00|TKTN:999-2017330101
```

第二步,建立新航段并取消旧航段。

```
    >RTLXZ1HA
    ** ELECTRONIC TICKET PNR **
    1.王琳 LXZ1HA
    2.CA4506 Y   TH20JUL    NKGCTU   RR1   1145   1430   319 S 0 ^ E ----
    3.CA4505 Y   WE26JUL    CTUNKG   RR1   0840   1040   32S S 0 ^ E ----
    4.SHA/T SHA/T010-80885338/BEIJING ORIENT BLUE SKY INTERNATIONAL AVIA-
TION SERVICE CO.LTD//GEXING ABCDEFG
    5.T
    6.SSR FOID CA HK1 NI310109199801012233/P1
    7.SSR TKNE CA HK1 CTUNKG 4505 Y26JUL 9992017330101/2/P1
    >AV H/NKGCTU/21JUL/CA
21JUL(FRI) NKGCTU
    1-  CA4506   DS# F3 C3 Y8 B8 MA HS K9 L1 Q5 G8    NKGCTU 1145   1430   319 0 S   E
    2   CA4518   DS# FS CL YL BQ M9 H2 K5 LS QS G9    NKGCTU 2015   2250   319 0 S   E
    >SD1Y1
    ** ELECTRONIC TICKET PNR **
    1.王琳 LXZ1HA
    2.CA4506 Y   TH20JUL    NKGCTU   RR1   1145   1430   319 S 0 ^ E ----
    3.CA4506 Y   FR21JUL    NKGCTU   DK1   1145   1430   319 S 0 ^ E ----
    4.CA4505 Y   WE26JUL    CTUNKG   RR1   0840   1040   32S S 0 ^ E ----
    5.SHA/T SHA/T010-80885338/BEIJING ORIENT BLUE SKY INTERNATIONAL AVIA-
TION SERVICE CO.,LTD//GEXING ABCDEFG
    6.T
    7.SSR FOID CA HK1 NI310109199801012233/P1
```

> XE2

** ELECTRONIC TICKET PNR **

1. 王琳 LXZ1HA

2. CA4506 Y FR21JUL   NKGCTU DK1 1145 1430 319 S 0 ^ E ----

3. CA4505 Y WE26JUL   CTUNKG RR1 0840 1040 32S S 0 ^ E ----

4. SHA/T SHA/T010-80885338/BEIJING ORIENT BLUE SKY INTERNATIONAL AVIATION SERVICE CO. ,LTD//GEXING ABCDEFG

5. T

6. SSR FOID CA HK1 NI3101091998801012233/P1

7. SSR TKNE CA HK1 CTUNKG 4505 Y26JUL 9992017330101/2/P1

+

第三步,输入新的电子客票票号项,并取消旧的电子客票票号项。

> XE7

SSR TKNE CA HK1 NKGCTU 4506 Y21JUL 9992017330101/1/P1

** ELECTRONIC TICKET PNR **

1. 王琳 LXZ1HA

2. CA4506 Y FR21JUL   NKGCTU DK1 1145 1430 319 S 0 ^ E ----

3. CA4505 Y WE26JUL   CTUNKG RR1 0840 1040 32S S 0 ^ E ----

4. SHA/T SHA/T010-80885338/BEIJING ORIENT BLUE SKY INTERNATIONAL AVIATION SERVICE CO. LTD//GEXING ABCDEFG

5. T

6. SSR FOID CA HK1 NI3101091998801012233/P1

7. SSR TKNE CA HK1 NKGCTU 4506 Y21JUL 9992017330101/1/P1

8. SSR TKNE CA HK1 CTUNKG 4505 Y26JUL 9992017330101/2/P1

9. SSR WCHR CA ▶ KK1 ◀ NKGCTU 4506 Y20JUL/P1

10. SSR WCHR CA ▶ KK1 ◀ CTUNKG 4505 Y26JUL/P1

11. OSI CA CTCM 13566777766/P1

12. RMK AUTOMATIC FARE QUOTE

13. RMK CA/LWLSML

14. EI/BUDEQIANZHUAN 不得签转/GAIQITUIPIAOSHOUFEI 改期退票收费

15. TN/9992017330101/P1

16. FP/CASH,CNY

第四步,PNR 封口。

```
>@
CA4506   Y TH21JUL   NKGCTU RR1   1145    1430
CA4505   Y WE26JUL   CTUNKG RR1   0840    1040
LXZ1HA
```

第五步,提取票面,核对变更后的票面信息。

```
>DETR:TN/999-2017330101
ISSUED BY:AIR CHINA              ORG/DST:NKG/NKG       BSP-D
TOUR CODE:
PASSENGER:王琳
EXCH:                                    CONJ TKT:
O FM:1NKG CA    4506   Y21JUL 1145 OK Y    20JUL/10JUL 20K OPEN FOR USE
RL:LWLSML   /LXZ1HA 1E
O TO:2CTU CA    4505   Y 26JUL 0840 OK Y   26JUL/10JUL 20K OPEN FOR USE
RL:LWLSML   /LXZ1HA 1E
TO:NKG
FARE:          CNY   2930.00|FOP:CASH
TAX:           CNY 100.00CN|OI:
TAX:           CNY 120.00YQ|
TOTAL:         CNY   3150.00|TKTN: 999-2017330101
```

【说明】
票面上的日期已经发生改变,其他内容不变。
若原旅客订座记录 PNR 已过期,对电子客票进行航班变更的操作流程如下:
(1)根据新航班,建立新的 PNR;
(2)输入电子客票票号项 SSR TKNE;
(3)PNR 封口。

案 例 情 景

旅客张女士计划前往青岛度假,为此她在客票销售处购买了一张往返机票。然而,在青岛度假期间,由于个人原因,她迫切需要提前更改回程航班的日期。她积极联系了客票销售处,希望将回程航班的日期提前两天。在详细提供了预订信息和更改需求后,销售人员李明认真查询了相关信息,确认了新的回程日期,并在系统中建立了新的航段,向张女士确认她的航班更改已经成功完成。

然而，当张女士按照新的日期前往机场办理值机手续时，却被告知她的机票在系统中没有关于新航班的记录。这突如其来的情况让张女士感到非常困惑和烦恼。她迅速与客票销售处取得联系，详细解释了她的情况。经过工作人员认真查询系统，问题的根本原因逐渐浮现：尽管她的航班更改请求在初步确认时被记录，但是由于销售人员李明只是简单地建立了新航段而未输入新的电子客票票号，这造成了相关信息在系统中没有得到正确的更新，操作不完整，从而使座位被取消。遗憾的是，此时新航班的座位已售罄，客票销售处只能将张女士改期至后续航班的座位。这意味着她需要额外等待一天才能继续回程。这对她原本精心安排的行程产生了严重影响，也迫使她不得不支付额外的一晚酒店住宿费用。张女士对此非常不满，对客票销售处的销售人员李明提出了投诉，要求赔偿其损失。

案例分析

在这个案例中，涉及了销售人员李明在旅客改期操作中的操作失误，从而使旅客张女士的行程受到严重影响，并且还有额外费用支出。主要是李明在进行张女士的航班改期时操作不完整导致。在操作过程中，必须确保每一步骤都得到正确地执行，避免因为操作上的遗漏而影响旅客的行程。因为李明未将新的电子客票票号输入系统，导致座位被取消，进而影响了张女士的行程，这强调了在服务过程中保持细致和准确的信息记录的重要性，突显了客票销售处在提供服务时的质量和责任。客票销售工作人员不仅需要完成旅客的需求，还要确保操作的准确性和完整性，以防止类似问题的发生。当问题出现时，及时解决问题，为客户提供合理的解决方案，是确保服务质量和维护声誉的重要手段。

活动二 自动变更客票

一、自动变更客票操作方法

指令格式：

＞**TRI**：原票号/选择项

【格式说明】

- 选择项：I(婴儿)；CC(政府采购)；
- 经航空公司授权使用该功能的代理人；
- 支持联程客票换开；
- 航段数建议6段以下，计算复杂6段以上可能造成系统超时"time out"；
- 代理人只能换开自己出的客票。

1. 成人客票自动变更举例

TRI：9991122334455

2. 婴儿客票自动变更举例

TRI:9991122334455/I

3. 政府采购客票(GP)指令格式

TRI:票号/CC

操作流程总结如图 5-1 所示。

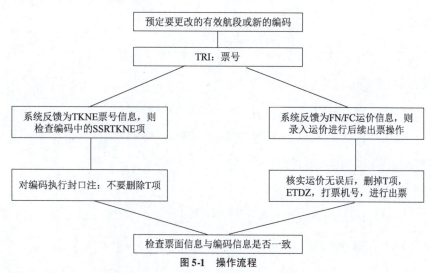

图 5-1　操作流程

二、自动变更客票操作实例

实例操作：

旅客 K 舱改期。

第一步,核对票面信息,有无变更限制,客票是否属于有效状态。

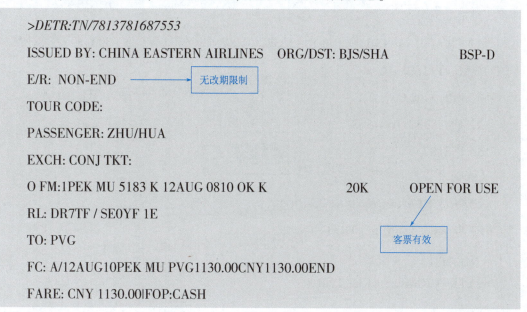

TAX：CNY 50.00CN|OI：

TAX：CNYEXEMPTYQ|

TOTAL：CNY 1180.00|TKTN：781-3781687553

第二步，提取PNR，取消原航段组，新建航段组。

>RTSE0YF

>RTSE0YF

ELECTRONIC TICKET PNR

1.ZHU/HUA SE0YF

2.MU5183 K TH12AUG PEKPVG HK1 0810 1015 E T2T1

3.T BJS/PEK/T-65906699/BEIJING CHINA EXPRESS INTERNATIONAL AI T BJS/R SERVICE CO.LTD/WEI CHONG

4.T

5.SSR FOID MU HK1 NI11010001010/P1

6.SSR TKNE MU HK1 PEKPVG 5183 K 12AUG 7813781687553/1/P1

7.OSI CA CTC 13854578965

8.OSI MU TKNA TICTKED

9.RMK CA/ DR7TF

10.RMK AUTOMATIC FARE QUOTE +

>pn

11.FN/A/FCNY1130.00/SCNY1130.00/C0.00/XCNY50.00/TCNY50.00CN/TEXEMPTYQ/ACNY1180.00

12.FP/CASH,CNY

13.TN/7813781687553

14.BJS187

>XE2

SS:MU5183/K/13AUG/PEKPVG/RR1

第三步，删除T/FN/FC/TKNE/TN项。

>RTSE0YF

** ELECTRONIC TICKET PNR **

1.ZHU/HUA SE0YF

2.MU5183 K TH13AUG PEKPVG HK1 0810 1015 E T2T1

3.T BJS/PEK/T-65906699/BEIJING CHINA EXPRESS INTERNATIONAL AI .T BJS/R SERVICE CO. LTD/WEI CHONG

4.T

5.SSR FOID MU HK1 NI11010001010/P1

6.SSR TKNE MU HK1 PEKPVG 5183 K12AUG 7813781687553/1/P1

7.OSI CA CTC 13854578965

8.OSI MU TKNA TICTKED

9.RMK CA/DR7TF

10.RMK AUTOMATIC FARE QUOTE

11.FN/A/FCNY1130.00/SCNY1130.00/C0.00/XCNY50.00/TCNY50.00CN/TEXEMPTYQ/-ACNY1180.00

12.FP/CASH,CNY

13.TN/7813781687553

14.BJS187

>XE:4/6/11/12/13

(删除 T/FN/FC/TKNE/TN 项)

第四步,输入 TRI 指令。

>RTSE0YF

ELECTRONIC TICKET PNR

1.ZHU/HUA SE0YF

2. MU5183 K TH13AUG PEKPVG HK1 0810 1015 E T2T1

3.T BJS/PEK/T-65906699/BEIJING CHINA EXPRESS INTERNATIONAL AI .T BJS/R SERVICE CO.LTD/WEI CHONG

4.SSR FOID MU HK1 NI11010001010/P1

5.OSI CA CTC 13854578965

6.OSI MU TKNA TICTKED

7.RMK CA/DR7TF

8.RMK AUTOMATIC FARE QUOTE

```
    9.BJS187
    >TRI:7813781687553                    [输入自动换开指令]
    TRI:D
    TYPE:ADT IRR:N PAYMENT:CA3 EMD:N SECURE:N
    RECEIPT:K ISSUE DATE:03JAN17 ISSUE OFFC:BJS187     [自动生成换开OI项，通过OB税款项收取变更费173.00]
    REVALIDATION NUMBER:0
    01 OI R FARE:CNY1730.00 CN:CNY50.00 TEXEMPTYQ TOTAL:1780.00
OB:CNY173.00 ACNY:173.00
    >RFC:01                  [票价信息核对无误后，选择该票价组]
```

第五步，核对新PNR信息，完成出票。

```
    >RTSE0YF
    ** ELECTRONIC TICKET PNR **
    1. ZHU/HUA SE0YF
    2.  MU5183 K TH13AUG PEKPVG HK1 0810 1015 E T2T1
    3. T BJS/PEK/T-65906699/BEIJING CHINA EXPRESS INTERNATIONAL AI . T BJS/R
SERVICE CO. LTD/WEI CHONG
    4. SSR FOID MU HK1 NI11010001010/P1
    5. OSI CA CTC 13854578965
    6. OSI MU TKNA TICTKED
    7. RMK CA/DR7TF
    8. RMK AUTOMATIC FARE QUOTE
    9. FN/A/RCNY1730.00/SCNY0.00/C0.00/XCNY173.00/TCNY173.00OB/
    OCNY50.00CN/OEXEMPTYQ/ACNY173.00
    10. FP/CASH,CNY
    11. BJS187
    >ETDZ:4
    CNY173.00         SE0YF
    781-2342983906
```

第六步，提取票面，核对变更换开信息。

```
    >DETR:TN/7812342983906
    ISSUED BY: CHINA EASTERN AIRLINES ORG/DST: PEK/SHA    BSP-D
    E/R:
```

```
TOUR CODE:
PASSENGER: ZHU/HUA
EXCH: 781-3781687553 CONJ TKT:
O FM:1PEK MU 5183 K 13AUG 0810 OK        K 40K           OPEN FOR USE
T2T1 RL: DR7TF / SE0YF 1E
TO: PVG
FC: 12AUG10PEK MU PVG1730.00CNY1730.00END
FARE: CNY 1730.00|FOP:CASH(CNY)
TAX: PD 50.00CN|OI: 781-3781687553 PEK 02FEB2 08300714

TAX: EXEMPTYQ|
TOTAL: CNY 173.00|TKTN: 781-2342983906
```

原票号

补收差价CNY173，已由原票完成新票换开

【说明】

在原 PNR 行程未过期的情况下，在新建 PNR 前，务必先取取消掉原 PNR，再新建 PNR 操作自动变更。如果先新建 PNR 并操作自动变更，再取消原 PNR，会导致票号被自动清票面。

任务实施

分小组进行不同角色(旅客和工作人员)的扮演，按照旅客提出的要求，工作人员完成以下服务。

(1)案例 1：为成年人旅客李昊预订月 7 月 1 日成都—广州，东航上午 10 时后的经济舱最低价直达航班座位并出票，证件信息和联系电话自拟。出票后发现其身份证信息有错误，请更新至新的证件号码。

(2)案例 2：为成年人旅客王芳预订 8 月 1 日天津—南京，国航最早直达航班头等舱的座位并出票，申请轮椅 WCHR，证件信息和联系电话自拟。出票后因个人原因提出时间改为 8 月 2 日，其他不变，请为其完成操作。

任务评价

请评价人员根据表 5-1 对上述任务实施案例 1 进行评价。

任务实施评价表   表 5-1

评价标准	分值	自评(20%)	互评(20%)	师评(60%)
能按照要求登录订座系统	15			
能正确控制打票机	15			

续上表

评价标准	分值	自评(20%)	互评(20%)	师评(60%)
能正确完成出票	15			
能根据旅客要求进行客票更改	40			
小组分工合作良好,能使用礼貌用语与旅客进行沟通	15			
合计	100			
总评				

任务二 客票的退票

任务清单

请根据任务清单完成本任务的学习。

课前预习	收集整理国航、东航、南航国内电子客票退票的一般要求
课中学习	1. 掌握电子客票手工退票操作
	2. 掌握电子客票自动退票操作
课后复习	1. 完成任务实施,加深对电子客票的退票的熟练程度
	2. 收集整理除国航、东航、南航外其他国内航司国内电子客票退票的一般要求
	3. 梳理本任务所学知识,总结知识重难点,完善学习笔记

任务引入

旅客张伟购买了一张 12 月 11 日北京—上海的机票,但在出发前两天因个人原因,需要取消行程,因此向客票销售处提出退票申请,工作人员该如何操作?

任务分析

退票分自愿退票和非自愿退票两种类型,自愿退票会根据所购买客票的具体要求决定退票手续费的收取,非自愿退票是由于承运人或其他不可抗力的原因不能按照规定的时间、日期、舱位出行而退票,通常免收退票手续费。因此,在为旅客进行退票操作时首先要分清退票类型,并且确定客票有效,方可进行后续的操作。

> 任务分解

TRFD 是用于客票退票的指令,用户可以通过该指令对退票单进行输入、修改或者删除。目前,CRS 中国内 BSP 电子客票主要有两种生成退票单的方法:第一种是由工作人员创建退票单的表格,手工填写退票信息、金额等内容;第二种是所有退票信息都由系统生成,代理只能查看而不能进行任何的修改,这种指令会计算出退票费等费用,并自动填写到退票单中,避免了因代理操作失误导致费用输入错误的问题。

活动一　手工退票

一、国内电子客票的退票流程

国内 BSP 电子客票的退票流程如下:

第一步,执行 DETR 指令提出电子客票的票面信息,查看所退航段状态是否是"OPEN FOR USE"且客票上没有"不得退票"的票价限制条件。

第二步,执行 DETR 指令将指定票号的指定航段退票,指令格式为 TRFD:AM/打票机序号/D,或者 TRFD:A/打票机序号/D。

第三步,填写好退票单界面的信息并提交;使用 TSL 指令查看退票的结算报表,用 DETR 指令查看电子客票票面的状态是否已改为 REFUNDED。

第四步,提取 PNR,取消已退的航段组或 PNR。

二、退票 TRFD 指令

TRFD [选项]/打票机序号/退票类型(国际、国内)/[退票单号(8位)或票号(13位)]
选项:

➢ 无　在全屏幕方式下新建/查看退票记录,需要输入退票单号。

➢ M　在非全屏方式下新建/查看退票记录,需要输入退票单号。

➢ H　打印一张退票单内容,并用非全屏方式显示所打印的退票记录,需要输入退票单号。

➢ T　在全屏幕方式下用票号提取退票记录并查看。该选项不能用来创建退票记录,指令的最后一项需要输入 13 位有效票号。

➢ TM　在非全屏方式下用票号提取退票记录并查看。该选项不能用来创建退票记录,指令的最后一项需要输入 13 位有效票号。

➢ TH　用票号提取退票记录,打印退票单,并用非全屏方式显示所打印的退票记录,指令的最后一项需要输入 13 位有效票号。

➢ A　在全屏幕方式下以自动产生退票单号的方式创建退票记录,使用该选项时不要输入退票单号或票号,否则会提示输入错误。

➢ AM　在非全屏方式下以自动产生退票单号的方式创建退票记录,使用该选项时不要输入退票单号或票号,否则会提示错误。

退票类型：
> 国内客票退票用 D，国际客票退票用 I。

退票 TRFD 常用指令格式及说明见表 5-2。

退票 TRFD 常用指令格式及说明　　　　　　　　　　　　　　表 5-2

指令格式	指令说明
>TRFD:A/1/D	自动生成退票单号，并全屏显示退票记录
>TRFD:M/1/D/40000001	已知退票单号创建半屏退票单
>TRFD:H/1/D/40000001	打印并用半屏方式显示退票单

例：全屏方式退票。

```
>TRFD A/8/D
AIRLINE/BSP TICKET REFUND INFORMATION FORM
Rfd Number:0        Refund Type：DOMESTIC        Device-ID：8
Date/Time：26AUG11/1640 Agent：8888 IATA：13301116 Office：PEK 99
Airline Code：999 Ticket No. ：1234567890 - _____ Check：__
Conjunction No. ：1 Coupon No. ：1：1000 2：0000 3：0000 4：0000
Passenger Name：_____
Gross Refund：1000.00 ____ Payment Form：CASH ____ Currency Code：CNY-2
SN CD AMOUNT(SN-sequence number；CD-tax code) ET-(Y/N)：Y
T| 1 CN 50.00 _____ 2 _____ 3 _____ 4 _____
 | 5 _____ 6 _____ 7 _____ 8 _____
 | 9 _____ 10 _____ 11 _____ 12 _____
A| 13 _____ 14 _____ 15 _____ 16 _____
 | 17 _____ 18 _____ 19 _____ 20 _____
 | 21 _____ 22 _____ 23 _____ 24 _____
X| 25 _____ 26 _____ 27 _____
Commitment：_0_% Other Deduction：110.00 ____ RMK：__/_____
Net Refund：_____ Credit Card：_____
P(Print) C(Copy) S(Save) D(Delete) I/F3(Igno) R/F4(REF) E/F5(Exit) E_
```

【说明】

> Rfd Number　退票单号。
> Refund Type　退票单类型。
> Device-ID　打票机序号。
> Date/Time　退票日期/时间。
> Agent　退票的工作号。
> IATA　用户的 IATA 号。
> Office　用户的 OFFICE 号。
> Airline Code　航空公司结算代码(必填)。

➢ Ticket No.　机票号码,如果是连续客票,需要填写起始票号已经结束票号的后七位票号(必填)。
➢ Check　　校验位(不用填写)。
➢ Conjunction No.　联票数(必填)。
➢ Coupon No.　所退票联标志(航段序号)(必填)。
➢ Passenger Name　旅客姓名(可以不填写)。
➢ Gross Refund　退票金额,不含税(必填)。
➢ Payment Form　付款方式,默认是 CASH,其他方式还有 CHECK(支票)、CC(信用卡)、GR(包机)、SGR(挂帐)、EF(自助银行)(必填)。
➢ Currency Code　货币类型(必填)。
➢ ET-(Y/N)　是否是电子客票(必填)。
➢ TAX　税项,在较短的横线上填写税代码,在较长的横线上填写金额。
➢ Commitment　代理费率,国内客票代理费现在按航段固定支付,代理费费率都为 0。
➢ Other Deduction　退票费与航段代理费之和。
➢ Net Refund　实际退款金额,此项由系统自动算出。
➢ Credit Card　信用卡种类和卡号,支持的信用卡种类:AX、VI、DC、MC、TP、DS、JC、TK、TX、AP。
➢ P(Print)　打印退票单到打印机。
➢ C(Copy)　拷贝,拷贝已有的退票内容,方便用户建立团体退票信息。注意拷贝后退票单号变为零,此时代理人保存将自动产生退票单号,并将该退票单号返回给代理人。
➢ S(Save)　保存,如果是新的退票记录,则在系统中创建该记录;如果是已存在的退票记录,则将对其所做的修改提交到系统。
➢ D(Delete)　删除,删除已存在的退票记录。由于记录被删除后不可恢复,代理人要谨慎使用该操作选项。
➢ I/F3(Igno)　放弃对退票记录所做的修改,退出 TRFD 指令。该操作选项的功能也可以使用功能键"F3"来实现。
➢ R/F4(REF)　刷新屏幕显示,如想恢复原来的屏幕内容则可以使用该选项。该操作的功能也可以使用功能键"F4"来实现。
➢ E/F5(Exit)　保存对退票记录所做的修改,并退 TRFD 指令。该操作的功能也可以使用功能键"F5"来实现。
➢ Conjunction No.　表示的是退票的这名旅客有几张客票,如果是单张客票时,ConjunctionNo. 处填写1,表示退一张客票;如果是退连续客票时,则填写要退的连续客票的张数。CouponNo. 表示的是要退票的航段,按"1234"的位置输入,不退的票联输入0。例:对国内票(D),只有1,2两个航段。如退的是第一个航段,需填入"1000",如退的是第一、第二两个航段,需填入"1200"。国际票(I)一张客票最多有4个航段,如退的是第一、第二航段,需填入"1200",如果全退,需填入"1234"。
➢ 要对退票单进行生成、修改、删除等操作,需要在屏幕的右下角的横线上填写对应的代码即可,也可以使用快捷键(F3 等)。删除退票单后应使用 ETRF 指令将客票状态修改为

OPEN FORUSE(具体使用方法见 ETRF 指令介绍)。

  退票成功后系统会提示：

UPDATE REFUND：14923538 ，>TRFD 8 /D/14923538 -- > ET PLS DO：>TSL 8

此时，可以使用 TSL 指令查看结算报表，或提取出退票单对其进行查看、修改、删除等操作。

如果是国内电子客票退票，则状态会由 OPEN FOR USE 改为 REFUNDED：

退票前：

```
>DETR：TN/999-1234567890
ISSUED BY：AIR CHINA          ORG/DST：BJS/SHA          BSP-D
TOUR CODE：
PASSENGER：TETS/TEST
EXCH：                         CONJ TKT：
O FM：1PEK CA 1883 Y 11DEC 0720 OK Y          20K          OPEN FOR USE
T3-- RL：NT0W0G /HM640B 1E
TO：PVG
FC：11DEC11PEK CA PVG1130.00CNY1130.00END
FARE：CNY 1130.00|FOP：CASH
TAX：CNY 50.00CN|OI：
TAX：CNYEXEMPTYQ|
TOTAL：CNY 1180.00|TKTN：999-1234567890
```

退票后：

```
>DETR：TN/999-1234567890
ISSUED BY：AIR CHINA          ORG/DST：BJS/SHA          BSP-D
TOUR CODE：
PASSENGER：TETS/TEST
EXCH：CONJ TKT：
O FM：1PEK CA 1883 Y 11DEC 0720 OK Y          20K          REFUNDED
T3-- RL：NT0W0G /HM640B 1E
TO：PVG
FC：11DEC11PEK CA PVG1130.00CNY1130.00END
FARE：CNY 1130.00|FOP：CASH
TAX：CNY 50.00CN|OI：
TAX：CNYEXEMPTYQ|
TOTAL：CNY 1180.00|TKTN：999-1234567890
```

查看销售日报：

>TSL：8

****

```
              * CAAC MIS OPTAT DAILY-SALES-REPORT *
 *                                                                      *
     * OFFICE : PEK099  IATA  NUMBER: 13301116  DEVICE : 8/ 81865 *
     * DATE : 18AUG                              AIRLINE: ALL *
     ------------------------------------------------------------------
     TKT-NUMBER    ORIG-DEST    COLLECTION    TAXS    COMM%    PNR    AGENT
     ------------------------------------------------------------------
     880-5440200002 BJS CAN      1200.00 50.00         3.00    HM4803 8888
     880-5440200001 XIY BJS      10.00                 3.00    HS5405 8888
     999-1234567891 PEK PVG      1130.00   50.00       3.00    HQPW0T 8888
     999-1234567890 ET-REFUND    1130.00   50.00       3.00    8888
                                                       已退

     *==============================================================*

     TOTAL TICKETS:        3           ( 0 TICKETS VOID / 0 TICKETS REFUND )
     -------------NORMAL TICKETS-----------------------------
     NORMAL FARE-- AMOUNT :                    2340.00 CNY
     CARRIERS -- AMOUNT :                      2269.80 CNY
     COMMIT -- AMOUNT :                          70.20 CNY
     NORMAL TAX --AMOUNT :                      100.00 CNY
     -------------REFUND TICKETS-----------------------------
     NET REFUND -- AMOUNT :                       0.00 CNY
     DEDUCTION -- AMOUNT :                        0.00 CNY
     REFUND TAX -- AMOUNT :                       0.00 CNY
```

上面是退票成功的实例,有时,我们也会遇到退票失败的情况,比如,退电子客票,客票状态不是 OPEN FOR USE 时,系统会提示错误,同时,查看结算信息会看到失败的结算记录:

```
>TSL:8
 *****************************************************************
              * CAAC MIS OPTAT DAILY-SALES-REPORT *
 *
```

```
*
    *   OFFICE : PEK099         IATA NUMBER : 13301116        DEVICE : 8/ 81865
*
    *   DATE : 18AUG                                          AIRLINE: ALL
*
    ------------------------------------------------------------------------
    TKT-NUMBER      ORIG-DEST    COLLECTION     TAXS    COMM%   PNR   AGENT
    ------------------------------------------------------------------------
    880-5440200002 BJS CAN 1     200.00         50.00   3.00    HM4803  8888
    880-5440200001 XIY BJS       10.00                  3.00    HS5405  8888
    999-1234567891 PEK PVG       1130.00        50.00   3.00    HQPW0T  8888
    999-1234567890               ET REFUND MESSAGE TO CA FAILED !!!!  8888
    *========================================================*
    TOTAL TICKETS: 3 ( 0 TICKETS VOID / 0 TICKETS REFUND )
    --------------NORMAL TICKETS------------------------------
    NORMAL FARE-- AMOUNT :              2340.00 CNY
    CARRIERS -- AMOUNT :                2269.80 CNY
    COMMIT -- AMOUNT :                  70.20 CNY
    NORMAL TAX -- AMOUNT :              100.00 CNY
    --------------REFUND TICKETS------------------------------
    NET REFUND -- AMOUNT :              0.00 CNY
    DEDUCTION -- AMOUNT :               0.00 CNY
    REFUND TAX -- AMOUNT :              0.00 CNY
```

(退票失败 — 指向 ET REFUND MESSAGE TO CA FAILED)

【说明】
此时,需要查看客票状态,以及返回的错误信息,查找问题原因。

例:非全屏方式退票。

```
>TRFD AM/8/D
TRFU:M8/D/0
Airline Code      999 TKT Number       1234567890 -           Check
Conjunction No. 1 Coupon No. 1 1000 2 0000 3 0000 4 0000
Passenger Name
Currency Code      CNY-2 Form Of Payment      CASH
Gross Refund    1000.00                       ET-(Y/N): Y
Deduction     110.00           Commission 0.00 % =          ---
TAX [1] CN50.00     [2] _____    [3] _____
    [4] _____  [5] _____    [6] _____
    [7] _____  [8] _____    [9] _____
    [10]_____  [11]_____    [12]_____
    [13]_____  [14]_____    [15]_____
    [16]_____  [17]_____    [18]_____
    [19]_____  [20]_____    [21]_____
    [22]_____  [23]_____    [24]_____
    [25]_____  [26]_____    [27]_____
Remark                   Credit Card
Net Refund =             CNY
```

退票成功后系统会提示:
UPDATE SUCCESSFUL, >TRFD M/8/D/14923542 ,ET DO > TSL 8

【说明】

➢ Airline Code 航空公司结算代码(必填)。

➢ TKT Number 机票号码,如果是连续客票,需要填写起始票号已经结束票号的后七位票号(必填)。

➢ Check 校验位(不用填写)。

➢ Conjunction No. 联票数(必填)。

➢ Coupon No. 所退票联标志(航段序号)(必填)。

➢ Passenger Name 旅客姓名(可以不填写)。

➢ Currency Code 货币类型(必填)。

➢ Form Of Payment 付款方式,默认是CASH(现金),其他方式还有CHECK(支票)、CC(信用卡)、GR(包机)、SGR(挂账)、EF(自助银行)(必填)。

➢ Gross Refund 退票金额,不含税(必填)。

➢ ET-(Y/N) 是否是电子客票(必填)。

➢ Deduction 退票费与航段代理费之和。

➢ Commitment 代理费率为0。

➢ TAX　税项,在较短的横线上填写税代码,在较长的横线上填写金额。
➢ Credit Card　信用卡种类和卡号,支持的信用卡种类:AX、VI、DC、MC、TP、DS、JC、TK/TX、AP。
➢ Net Refund　实际退款金额,此项由系统自动算出。
➢ 非全屏方式的填写比全屏方式简单,但是缺少了拷贝功能。与全屏方式相比,非全屏方式填写的内容与某些项的位置发生了变化。修改、生成退票单时需要在最后一行的 CNY 后面输入即可。删除退票单时,需要将屏幕第一行中指令 TRFU 改为 TRFX,之后在第一行最后输入即可。删除成功后,系统会提示:DELETE XXXXXXXX SUCCESSFUL。删除退票单后应使用 ETRF 指令将客票状态修改为 OPEN FOR USE(具体使用方法见 ETRF 指令介绍)。

三、修改电子客票状态

ETRF 指令用于电子客票退票时,修改电子客票状态。
指令格式:
ETRF:航段号/票号/PRNT/打票机号/注释
退票后,将客票状态由 OPEN FOR USE 改为 REFUNDED(国内退票无须完成此项操作,系统自动完成修改)。
ETRF:航段号/票号/PRNT/打票机号/OPEN
删除退票单后,将客票状态由 REFUNDED 改为 OPEN FOR USE。
例:将客票状态由 REFUNDED 改为 OPEN FOR USE。

> ETRF:1/999-1234567895/PRNT/9/OPEN
ET REFUND TRANSACTION CANCELED

此时查看票面,会发现,票面状态已经由 REFUNDED 改为了 OPEN FOR USE。如果没有删除退票单就执行该指令,系统会提示:TICKET NUMBER。

技巧:
(1)电子客票退票要求客票状态是 OPEN FOR USE 才可以退票。
(2)格式中的航段号指的是票面中的航段序号,每次修改状态时只能填写一个航段序号,如果有多个航段,需要做多次操作。另外,有一些航空公司只要将一个航段状态修改为 REFUNDED,就会将其他航段都自动修改,而也有一些航空公司则需要每个航段都手工修改,所以,修改完一个航段后请提取票面查看一下,以确保所有要退票的航段都将状态修改正确了。
(3)并不是所有航空公司的退票都能由 REFUNDED 改为 OPEN FOR USE 的,修改前请慎重。
(4)该指令只适用与当天做过退票的情况。

四、删除退款单

删除退票单号处理过程:
第一步,提出相关内容,> TRFD:M/打票机序号/打票机类型/退票单号,将光标移到

'TRFU'的位置,将'TRFU'改成'TRFX',再将光标移到最后一行 CNY 后,做输入系统操作;

第二步,执行指令,ETRF:航段序号/13 位票号/PRNT/打票机序号/OPEN,将 DETR 票面状态由 REFUND 修改为 OPEN FOR USE 状态。

例:

```
>TRFD:M/1/D/900123507
>_TRFU:•M•1/•D/•9001235070
AIRLINE CODE •880TKT NUMBER •5440202028-• CHECK ••
CONJUNCTION NO. •1 COUPON NO. 1•1000 2•0000 3•0000 4•0000•
PASSENGER NAME ••
CURRENCY CODE •CNY-2 FORM OF PAYMENT •CASH •
GROSS REFUND •1000.00 ET-(Y/N):•Y•
DEDUCTION •200.00 COMMISSION •3.00 % =•30.00•
TAX [1] •CN__ 50.00 [2] •YQ_ 150.00 __ [3] •__•_____ •
[4] •__•_____ •[5] •__•_____ •[6] •__•_____ •
[7] •__•_____ •[8] •__•_____ •[9] •__•_____ •
[10] •__•_____ •[11] •__•_____ •[12] •__•_____ •
[13] •__•_____ •[14] •__•_____ •[15] •__•_____ •
[16] •__•_____ •[17] •__•_____ •[18] •__•_____ •
[19] •__•_____ •[20] •__•_____ •[21] •__•_____ •
[22] •__•_____ •[23] •__•_____ •[24] •__•_____ •
[25] •__•_____ •[26] •__•_____ •[27] •__•_____ •
REMARK •• CREDIT CARD ••
NET REFUND = 970.00 •CNY•
```

将第一行 TRFU 改成 TRFX:

```
>_TRFX:•M•1/•D/•9001235070                    ← 将第一行TRFU改成TRFX
AIRLINE CODE •880TKT NUMBER •5440202028-• CHECK ••
CONJUNCTION NO. •1 COUPON NO. 1•1000 2•0000 3•0000 4•0000•
PASSENGER NAME ••
CURRENCY CODE •CNY-2 FORM OF PAYMENT •CASH •
GROSS REFUND • 1000.00 ET-(Y/N):•Y•
DEDUCTION • 200.00 COMMISSION •3.00 % =30.00• •
TAX [1] •CN__50.00 [2] •YQ_ 150.00 __ [3] •__•_____ •
[4] •__•_____ •[5] •__•_____ •[6] •__•_____ •
```

[7] •__•_____   [8] •__•_____   [9] •__•_____•
[10] •__•_____   [11] •__•_____   [12] •__•_____•
[13] •__•_____   [14] •__•_____   [15] •__•_____•
[16] •__•_____   [17] •__•_____   [18] •__•_____•
[19] •__•_____   [20] •__•_____   [21] •__•_____•
[22] •__•_____   [23] •__•_____   [24] •__•_____•
[25] •__•_____   [26] •__•_____   [27] •__•_____•

REMARK • • CREDIT CARD • •   在此按发送键

NET REFUND = 970.00 •CNY• DELETE 9001235070 SUCCESSFULLY

DETR:TN/880-5440202028 确认票面状态:

> DETR:TN/880-5440202028
ISSUED BY:HAINAN AIRLINES ORG/DST:SHA/HAK   ISI:SITI
TOUR CODE:
PASSENGER:TEST/AA
EXCH: CONJ TKT:
0 FM:1SHA HU 1182 Y 28OCT 1230 OK Y   20K REFUNDED
RL:BQH3Q /QZ80B 1E
TO:HAK
FC:28OCT04SHA HU HAK 1000.00 CNY1000.00END
FARE: CNY1000.00 | FOP:
TAX: CNY200.00CN | OI:
TOTAL: CNY1200.00 | TKTN:880-5440202028

ETRF:1/880-5440202028/PRNT/1/OPEN 修改票面状态为 OPEN FOR USE:

> ETRF:1/880-5440202028/PRNT/1/OPEN
ET REFUND TRANSACTION CANCELED
> DETR:TN/880-5440202028
ISSUED BY:HAINAN AIRLINES ORG/DST:SHA/HAK   BSP-D
TOUR CODE:
PASSENGER:TEST/AA
EXCH: CONJ TKT:

```
0 FM:1SHA HU 1182 Y 28OCT 1230 OK Y          20K OPEN FOR USE
RL:BQH3Q /QZ80B 1E
TO:HAK                                        已改为OPEN
                                              FOR USE
FC:28OCT04SHA HU HAK 1000.00 CNY1000.00END
FARE: CNY1000.00  | FOP:
TAX: CNY200.00CN  | OI:
TOTAL: CNY1200.00 | TKTN:880-5440202028
```

五、修改退票单

ET 退票单如果需要修改,可使用以下方式:
(1)执行 TRFD 提取退票单,并删除此退票单内容;
(2)执行 ETRF 指令,将票面状态由 REFUND 修改为 OPEN FOR USE;
(3)执行 TRFD 重新填写退票单。

活动二 自动退票

国内运价自动退票(TRFD:Z),由系统自动计算出国内客票的毛退款、净退款以及各种税项的功能。使用此功能可将根据航空公司的退票规则自动填写退票单,并实现了自动退票控制,减少了代理人手工操作,保证了票价计算的准确性。

指令格式:
TRFD:Z/13 位票号/打票机号/退票类型
目前自动退票支持国内客票退票,国内退票类型都是 D。
【指令说明】
➢ 航段项状态为 OPEN(删除 PNR 后航段组信息变为 OPEN);
➢ 客票状态为 OPEN FOR USE。
实例操作:
客票 479-2490095459 申请退票,第一步,提取票面显示如下:查看航段是否为 OPEN,状态是否是 OPEN FOR USE。

```
DETR:TN/479-2490095459
ISSUED BY: SHENZHEN AIRLINES    ORG/DST: SZX/PEK           BSP-D
E/R: 不得签转
TOUR CODE:
PASSENGER: CE/SHI
```

EXCH: CONJ TKT:

O FM:1SZX ZH OPEN H OPEN H   20K   OPEN FOR USE

TO: PEK

FC: 29NOV10SZX ZH PEK1400.00CNY1400.00END

FARE: CNY 1400.00|FOP:CASH(CNY)

TAX: CNY 50.00CN|OI:

TAX: CNY 70.00YQ|

TOTAL: CNY 1520.00|TKTN: 479-2490095459

航段信息

客票状态

第二步，删除记录。

>RT HXGZVY

　　　　　　　　** ELECTRONIC TICKET PNR **

1. CE/SHI HXGZVY
2. ZH9959 H MO29NOV SZXPEK RR1 0755 1055 E B T3
3. 5
4. T
5. SSR FOID ZH HK1 NI110123455000/P1
6. SSR TKNE ZH HK1 SZXPEK 9959 H29NOV 4792490095459/1/P1
7. RMK AUTOMATIC FARE QUOTE
8. RMK CA/MML806
9. FN/A/FCNY1400.00/SCNY1400.00/C0.00/XCNY120.00/TCNY50.00CN/TCNY70.00YQ/ACNY1520.00
10. TN/479-2490095459/P1
11. FP/CASH,CNY
12. PEK099

>XE PNR@

PNR CANCELLED HXGZVY

第三步，执行退票指令。

TRFD:Z/479-2490095459/2/D

AIRLINE/BSP TICKET REFUND INFORMATION FORM

Rfd Number:0 Refund TYPE:DOMESTIC Device-ID:2

Date/Time:15NOV10/15:39 Agent:40504 IATA:13301116 OFFICE:PEK099

Airline Code:479 Ticket No.:2490095459 - 95459

Conjunction No.:1 Coupon No.:1:1000 2:0000 3:0000 4:0000

```
Passenger Name:CE/SHI
Gross Refund:1400.00 Payment Form:CASH Currency Code:CNY
SN CD AMOUNT(SN-sequency number : CD-tax code) ET-(Y/N):Y
TAX:1 CN 50.00 2 YQ 70.00
Commitment:0% Other Deduction:155.00
Net Refund:1365.00 Credit Card:
CONFIRM REFUND  >RFCF:479-2490095459
```

【说明】
- Device-ID:2   打票机号;
- Agent:40504   工作号;
- IATA:13301116   航协号;
- OFFICE:PEK099   OFFICE 号;
- Coupon No.:1:1000   所退航段为第一张客票的第一个航段;
- Gross Refund:1400.00   退票金额,不含税,GROSS REFUND = 原始票款金额 – 已用航段金额;
- Payment Form:CASH   付款方式,系统自动提取出票支付方式作为退款方式;
- TAX   税款;
- Commitment:0   代理费费率,现在国内客票代理费由费率改为每航段固定金额支付,代理费费率均为0;
- Other Deduction:155.00   退票费及航段代理费之和;
- Net Refund:1365.00   实际退款金额 NET REFUND = GROSS REFUND + TAX AMOUNT-COMMISSION * GROSS REFUND-OTHER DEDUCTION;
- Credit Card   使用信用卡支付的退票显示此项,系统默认提取原支付卡号。

第四步,退票确认。

查看退票单后,即可确认完成退票。确认需要在退票单最后一行 RFCF 票号后输入即可确认。

指令格式:

RFCF:票号

```
>RFCF:479-2490095459
ACTION SUCCESSFUL
```

【说明】

显示 ACTION SUCCESSFUL,则表明退票成功。暂不支持客票情况:
- 团体运价;
- OPEN 票;
- 换开过的客票;
- CRS 只支持单一客票,不支持连续客票。

第四步，使用 TSL：R/打票机号和 DETR 指令查看结算报表和票面状态为 REFUNDED。

DETR:TN/479-2490095459

  ISSUED BY: SHENZHEN AIRLINES **ORG/DST: SZX/PEK**   **BSP-D**

  E/R: 不得签转

  TOUR CODE:

  PASSENGER: CE/SHI

  EXCH: CONJ TKT:

  O FM:1SZX ZH OPEN H OPEN H   **20K** **REFUNDED** ← 客票状态

  TO: PEK

  FC: 29NOV10SZX ZH PEK1400.00CNY1400.00END

  FARE: CNY 1400.00|FOP:CASH(CNY)

  TAX: CNY 50.00CN|OI:

  TAX: CNY 70.00YQ|

  TOTAL: CNY 1520.00|TKTN: 479-2490095459

出错信息提示：
- CAN NOT FOUND TICKET DEVICE 打票机序号不正确；
- OPTION 输入的选项错误；
- DEVICE TYPE 指定的打票机类型与实际类型不符；
- CHECK REFUND NUMBER 退票单号输入格式错误；
- TICKET NUMBER - AIRLINE CODE 用票号提取退票单时输入了错误的航空公司编号；
- TICKET NUMBER - AIRLINE CODE 生成退票单时提示该错误说明没有退票航空公司的授权；
- TICKET NUMBER 用票号提取退票单时输入了错误的票号；
- NOT BSP CITY 当前的 OFFICE 没有加入 BSP；
- IATA NUMBER ERR 系统找不到当前 OFFICE 的航协号；
- DEVICE TEST MODE 打票机在测试状态；
- CAN NOT PRINT NEW REFUND 提取的退票单不存在；
- CAN NOT DELETE NEW REFUND 退票单不存在，不能删除；
- CONJUNCTION NUMBER 错误的联票号；
- CHECK COUPON 票联标识有误；
- GROSS REFUND 毛退款额格式有误；
- CURRENCY CODE 货币代码不正确；

- ➢ PASSENGER NAME 旅客姓名格式有误；
- ➢ LESS COMMISSION 代理费率格式有误；
- ➢ OTHER DEDUCTION 航空公司手续费格式有误；
- ➢ CHECK TAX CODE 税代码格式有误；
- ➢ CHECK TAX AMOUNT 税款格式有误；
- ➢ AUTO REFUND NUMBER 自动产生退票单时产生错误；
- ➢ AUTHORITY 只能在出票 OFFICE 使用自动退票功能，或者该航空公司不支持自动退票功能；
- ➢ INCORRECT CREDIT CARD INFOR 付款方式选择的是信用卡（CC），但是没有在 Credit Card 处填写卡号信息。

任务实施

分小组进行不同角色（旅客和工作人员）的扮演，按照旅客提出的要求，工作人员完成以下操作练习：

（1）旅客李怡购买了 10 月 1 日杭州—北京的东航最早一班经济舱 Y 舱的客票，其联系电话和证件信息自拟，购买好机票后的第二天，旅客因个人原因需要取消行程并申请退票，请完成相关的操作。

（2）旅客李怡购买了 10 月 1 日杭州—北京的东航最早一班经济舱 Y 舱，回程 10 月 5 日北京—杭州东航最晚一班直达航班经济舱 Y 舱的客票，其联系电话和证件信息自拟，购买好机票后的第二天，旅客因个人原因需要取消行程并申请退票，请完成相关的操作。

任务评价

请评价人员根据表 5-3 对上述任务实施情况进行评价。

任务实施评价表 表 5-3

评价标准	分值	自评（20%）	互评（20%）	师评（60%）
正确判断并回复客人机票是否可退	10			
执行 TRFD 指令打开退票界面	10			
正确填写退票界面信息并提交	20			
正确使用 TSL 和 DETR 指令查看退票结算报表和票面状态	20			
提取 PNR，取消已退航段组或 PNR	20			
小组合作良好，分工明确，能使用礼貌用语与旅客沟通	10			
能认真点评其他小组的情景模拟，并提出解决方案	10			
合计	100			
总评				

项目总结

(1) 本项目主要学习了客票的变更和退票操作,分别掌握了手工变更/退票和自动变更/退票的操作方法。

(2) 由于客票是实名制,因此乘机人一般情况下不得变更,机票的航程也不允许变更,发生以上两种情况,一般都是按照退票处理。在对客票进行变更前,需要判定是否符合航班变更条件。电子客票的变更除了 PNR 中航段栏的修改之外,还必须输入新的电子客票票号项 SSR TKNE;取消旧 SSR TKNE 项。

(3) 退票手续费是根据所购买客票的具体销售规则而确定,不同航空公司规定可能不同。退票时未使用的税款将全额退还。使用系统退票后必须通过取消指令 XE 来取消客票航程中的座位,针对不同的情况使用不同的 XE 指令。由于退款将关系到旅客、航空公司、客票销售处等多方利益,发生差错会对工作造成很大的损失,必须养成严谨而认真的工作态度确保操作的正确。

项目综合练习

一、单选题

1. 建立打票机控制的指令是( )。
   A. EI　　　　B. EC　　　　C. DI　　　　D. XC

2. 打开打票机输入状态的指令是( )。
   A. TI　　　　B. IT　　　　C. TO　　　　D. OT

3. 查看打票机的工作状态的指令是( )。
   A. DA　　　　B. DI　　　　C. DDI　　　　D. TN

4. 建立付款方式组的指令是( )。
   A. FN　　　　B. FC　　　　C. FP　　　　D. EI

5. 用票号提取电子客票的票面信息的指令是( )。
   A. DETR:TN　　B. DETR:NT　　C. DETR:NI　　D. DETR:IN

6. 使用 SSR FOID 输入的证件类型是( )。
   A. NI　　　　B. PP　　　　C. ID　　　　D. ST

7. 用于电子客票退票的指令是( )。
   A. TRFD　　　B. TRI　　　C. ETRF　　　D. TSL

8. 电子客票自动换开的指令是( )。
   A. TRFD　　　B. TRI　　　C. ETRF　　　D. TSL

9. 电子客票退票时,修改电子客票状态的指令是( )。
   A. TRFD　　　B. TRI　　　C. ETRF　　　D. TSL

10. 电子客票销售量统计的指令是(　　)。
    A. TRFD   B. TRI   C. ETRF   D. TSL

二、判断题

1. 与打票机有电缆相连接的终端就是控制终端。   (   )
2. 一个订座记录 PNR 可以多次修改和多次打印。   (   )
3. EC 是建立打票机控制的指令，XC 是退出控制的指令。   (   )
4. 订座记录被取消，即完成了退票操作。   (   )
5. 电子客票的状态是 SUSPEND 时，不能操作退票。   (   )

三、实操练习题

1. 为成年人旅客陈琳预订月 6 月 1 日重庆—深圳，东航上午 10 时后的经济舱最低价直达航班座位并出票，证件信息和联系电话自拟。出票后发现旅客身份证信息有错误，请更新至新的证件号码。

2. 为成年人旅客张伟预订 10 月 1 日西安—成都，最早直达航班头等舱的座位并出票，申请轮椅 WCHR，证件信息和联系电话自拟。出票后因个人原因提出时间改为 10 月 2 日，其他不变，请为其完成操作。

3. 为成年人旅客陈琳和张伟预订 12 月 20 日杭州—广州、12 月 24 日广州—杭州东航最早直达航班经济舱最低舱位的座位并完成出票，陈琳往返申请穆斯林餐 MOML，张伟往返申请轮椅 WCHR。后因个人原因，张伟提出去程时间改为 12 月 21 日，其他不变，请为其完成操作。

4. 案例 1 中的旅客陈琳因个人原因，要求将其电子客票退票，请为其完成操作。

5. 案例 2 中的旅客张伟因个人原因，要求将其电子客票退票，请为其完成操作。

四、综合题

旅客王艳预订 7 月 1 日济南—昆明、7 月 5 日昆明—济南的客票，往返都是国航中午 12 时后的航班经济舱最低价，并申请水果餐 FPML，联系电话和证件信息自拟，请为其完成客票预订并出票。6 月 25 日旅客要求将所定的 7 月 1 日济南—昆明的航班改期至 7 月 2 号，其他不变，请为其完成操作。改期完成后，旅客又因为个人原因需要退票，请为其完成退票操作。

项目六

信箱(QUEUE)处理

* 任务一 信箱认识和查看
* 任务二 信箱处理

项目概述

QUEUE 的本意是排队等候,需要手工处理的信息一个一个排列起来。为了便于理解,我们将它引申为信箱(或称 Q 信箱)。Q 信箱是民航订座系统为代理人提供的重要功能之一,代理人可以通过本部门 Q 信箱中接收到的信件,及时了解航班动态以及本部门所订的旅客订座记录的变化情况,从而可以及时采取行动,避免不必要的损失。本项目主要是学习 Q 信箱的作用和种类,以及 Q 信箱的提取方法和处理方式。通过本项目的学习,了解 Q 信箱的意义和分类,掌握 Q 信箱的提取及其处理流程。

任务一 信箱认识和查看

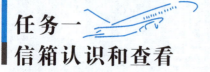

任务清单

请根据任务清单完成本任务的学习。

课前预习	了解航空公司与代理人信息沟通的方式及其优缺点
课中学习	1. 掌握 Q 信箱的意义
	2. 掌握 Q 信箱的种类
课后复习	1. 完成任务实施,加深对 Q 信箱的认识
	2. 梳理本任务所学知识,总结知识重难点,完善学习笔记

任务引入

在为旅客进行客票操作中,旅客提出需要在搭乘的航班上申请轮椅和特殊餐食服务,客票销售处人员会通过 SSR 指令在订座记录中输入相关的特殊服务申请后并封口,然后等待航空公司给出回应,那么航空公司的回复是如何告知给客票销售处呢?

任务分析

在民航订座系统中,Q 信箱是代理人和航空公司沟通的桥梁。系统会根据信件的内容和业务要求，自动将信件发送到相应部门的对应类型的信箱，因此 Q 信箱有多种存储信件类型，客票销售工作人员通过查看本部门的 Q 信箱中的信件，及时了解航班动态和订座记录的更新情况并作相应的处理。

任务分解

活动一　了解 Q 信箱内容

信箱(QUEUE)功能是 CRS 为代理人提供的重要功能之一。信箱中信件的内容主要是对代理人的通知信息，主要包括：

(1)工作人员订取的旅客记录(PNR)的变更情况的通知；
(2)系统对代理人应采取的行动的通知；
(3)代理人间的信息交换；
(4)航空公司对代理人的通知信息；
(5)工作人员打票情况的通知；
(6)其他信息。

由于信箱(QUEUE)中的信件包含了对代理人来说非常重要的信息，所以工作人员通过处理本部门的信箱(QUEUE)中的信件，可以及时了解系统动态及本部门所订的旅客记录(PNR)的实际情况，从而可以及时地采取行动，避免不必要的损失。

CRS 每个部门包括 8 种信箱(QUEUE)，分别是 GQ、KK、SR、SC、TL、RP、TC、RE，每种信箱(QUEUE)都有其特别的含义。

GQ：综合 QUEUE(General Message)。用于一些无法识别其种类或本部门没有建立某种 QUEUE 时，把此信件送入 GQ 中。

RP：自由格式的 QUEUE(Supper Report)，用以代理间的相互联系。

KK：座位证实回复电报(Replay Record Queue)。

SR：特殊服务电报(SSR Request Queue)。

TC：机票更改(Ticket Change Queue)。

TL：出票时限(Time Limit Queue)。

SC：航班更改通知(Schedule Change Queue)。

RE：旅客重复订座(Passenger Rebook)。

代理人的信箱(QUEUE)的处理，主要是指工作人员通过提取信箱(QUEUE)中的信件了解信件的实际信息，从而采取正确的行动。只有对信箱处理工作足够重视，才能搞好销售工作。信箱处理是日常工作中的必要环节，我们建议每个单位都有专人负责处理信箱，做好工作人员与航空公司、旅客之间的协调工作。

活动二　查看 Q 信箱

一、查看 OFFICE QUEUE

QT 指令列出一个部门(OFFICE)有哪几类信箱，每类信箱的最大规定数量以及未处理的信箱的数量。工作人员在处理 Q 之前,通常查看未处理的信件的数量。

指令格式:

>**QT:**

例:

>*QT:*

QT BJS166

GQ 0023 0200 RP 0002 0200 P KK 0015 0200 RE 0000 0200

SR 0001 0200 TC 0003 0200 TL 0005 0200 SC 0004 0200

【说明】

➤ 以 KK 为例,它的规定最大数量是 200 个,目前还有 15 个没有处理。

➤ 当信件数量超过最大允许值时,信件的内容便会溢出到与之定义的打印机上。

➤ 出错信息提示:

● FORMAT 输入错误格式使操作被拒绝;

● ILLEGAL 错误的数字代码操作被拒绝;

● OFFICE 操作指定的部门号不存在。

二、查看指定工作号的 QUEUE 情况

指令格式:

>**QT:工作号**

【格式说明】

查看指定工作号需要处理的 QUEUE 情况。

例:

>*QT:6666*

QT PEK099 AGENT 6666

QNAME	AGENT	TOTAL
	8888	0005
KK	8888	0002
SC	8888	0003

【说明】

6666:指定查询的工作号;

0005:需要处理的 QUEUE 的总量;

KK:6666 这个工作号需要处理的 QUEUE 种类,这里是 KK QUEUE;

0001:KK QUEUE 中有 2 个 QUEUE 需要 6666 这个工作号处理。

任务实施

请查看本部门 Q 信箱种类,说出需要处理的信箱种类和数量。

项目六 信箱(QUEUE)处理

任务评价

请评价人员根据表6-1对上述任务实施情况进行评价。

任务实施评价表 表6-1

评价标准	分值	自评(20%)	互评(20%)	师评(60%)
能熟练地查看Q信箱	30			
能熟练地识读Q信箱种类	30			
能熟练地判断需要处理的Q信箱种类和数量	40			
合计	100			
总评				

任务二 信箱处理

任务清单

请根据任务清单完成本任务的学习。

课前预习	了解Q信箱工作流程
课中学习	1. 掌握Q信箱处理方法
	2. 掌握Q信箱的释放、转移方法
	3. 掌握Q信箱重新显示、退出方法
课后复习	1. 完成任务实施,加深对Q信箱的认识
	2. 梳理本任务所学知识,总结知识重难点,完善学习笔记

任务引入

旅客王女士购买了10月16日北京—上海CA985航班的机票,并在购票时向客票销售人员同步提出申请机上水果餐,但却在她乘机时被空服人员告知无法提供该餐食,并解释道该航班一直不提供水果餐。飞机到达目的地后,王女士便向客票销售处电话提出了投诉。作为客票销售处的工作人员,他的工作失误主要出现在哪个环节呢?

215

任务分析

Q 信箱中信件的内容主要是对代理人的信息通知,非常重要。Q 信箱中的各种类型的信件都要及时查看并且处理,避免不必要的损失,如图 6-1 所示。上述案例中旅客通过代理人向航空公司提出的特殊服务申请也是通过 Q 信箱来传递的,作为客票销售人员在系统中提出申请后,应及时查看航空公司的回复,并将结果告知旅客。

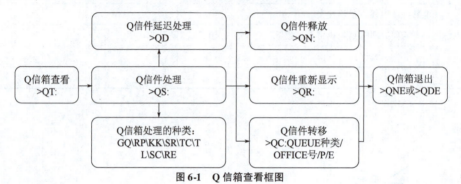

图 6-1　Q 信箱查看框图

任务分解

QS 指令是进行信箱处理的第一步,使工作人员进入希望处理的一类信箱的序列,并显示第一个信件的内容。

活动一　按 OFFICE 处理 QUEUE

指令格式:

＞**QS**:信箱的种类

例:处理信箱中 TL 类信箱。

```
＞QS:TL
BJS166 TIM-LIM TKT（0004）
0.17XIMAN NM0 NT36Y
1. F65941 L TU22SEP PEKLHW US17 1040 1300
2. BJS/T BJS/T 010-66075322/PEK XIMAN AVIATION SERVICE CENTRE/ZHANG XIMAN ABCDEFG
3. TL/1200/17SEP98/BJS166
4. RMK CA/K6Y78
5. BJS166
```

【说明】

➢ 输出内容的第一行中,括号里显示的是未处理的信件的数量。由于当前已经提取了

216

一个 Q,因此这里显示的数量,比 QT 中的这种 Q 的总数少 1。
> 开始处理信件时,通常会将要处理的 PNR 显示在屏幕上。但有时也会显示 NO PNR 时,这是因为处理不及时,旅客的订座记录已过期,系统已将过期记录清除。这种情况,工作人员需做 QN 指令,及时将其从系统中释放。
> 出错信息提示:
● FORMAT　输入格式错误。
● ILLEGAL　错误的数字代码操作被拒绝。
● NO QUEUE　说明该部门此类信箱不存在。
● OFFICE　工作人员所要处理的信箱部门不存在。
● Q EMPTY　信箱中此类信箱为空的,已处理完成,没有需要处理的内容。
● WORKING Q　表示工作人员正在对某一种信箱进行处理,未处理完时,不能再处理另外一种 Q。这时若要结束原来的处理,可以做 QDE 或 QNE,然后再做 QS:××。

活动二　按工作号的处理所有 QUEUE

通过指定工作号的方式处理该工作号需要处理的所有 QUEUE。
指令格式:
＞QS:工作号
【格式说明】
工作号为需要处理 QUEUE 的工作号,即预订记录的工作号。
例:处理工作号 6666 需要的所有 QUEUE。

```
＞QS:6666
PEK099 SCHEDULE CHG（0002）（0002）
   ** ELECTRONIC TICKET PNR **
1. TEST/TEST HDJWKF
2. ARNK    JFKYVR
3. CA992   D SU06SEP   YVRPEK   HK1 1350 1615 +1   E
```

【说明】
PEK099 SCHEDULE CHG:处理的 OFFICE 为 PEK099 的 SC 信箱;
（0002）:除当前的内容外,工作号 6666 还需要处理 2 个 SC QUEUE;
（0002）:本次处理还有 2 个内容未查看。

活动三　指定工作号、指定 QUEUE 种类处理 QUEUE

指令格式:
＞QS:QUEUE 种类/工作号
【格式说明】
QUEUE 种类:指定处理的 QUEUE 种类;
工作号:QUEUE 中涉及的工作号。

例：输入：＞QS：KK/6666

【说明】

处理 KK QUEUE 中需要工作号 6666 处理的 QUEUE。

活动四　信件延迟处理

QD 指令是将显示出来的信件不作任何处理再放回系统，以待以后处理，或由其他人员处理。被送回的信件会排在此类信件的最后一个。

指令格式：

＞QD

实例操作：

延迟处理所显示的信箱项。

```
＞QD：BJS187
QD BJS187
GQ 0000 0200 RP 0001 0200 KK 0091 0200 RE 0000 0200
SR 0020 0200 TC 0013 0200 TL 0038 0200 SC 0003 0200
 ＞QS：SC
BJS187 SCHEDULE CHG（0002）
1．LU/XIAOHUI M58KT
2．SA287 C SA16OCT HKGJNB UN1 2350 0650 +1 S
3．SA287 C SU17OCT HKGJNB KL1 0710 1355 S
4．BJS/T  PEK/T  010- 65906694/DLC  HUAXUN  INTL  AIR  TRANS  CO. PEK BRANCH/ZHAO
5．65906699 MRWEI
6．TL/1200/15OCT99/BJS187
7．RMK AK JNBSA RJ82WX
8．BJS187
```

【说明】

➢ 开始处理信件后，括号中未处理的信件的数量为 2；

➢ 可以看到，显示出来的航班信息发生了变化，原来的航班被改成 17OCT 的航班，且出发时间也不同，这是由于航空公司更改航班造成的。

现在进行处理：

```
 ＞RTC
004 SWI1G 9999 0726 15OCT99
1．LU/XIAOHUI（001） M58KT
001 2．SA287 C SA16OCT HKGJNB UN1 2350 0650 +1 S
NN（001） DW（001） HL（001） UN（003）
```

004 3. SA287 C SU17OCT HKGJNB KL1 0710 1355 S

KL(004)

001 4. BJS/T PEK/T 010-65906694/DLC HUAXUN INTL AIR TRANS CO. PEK BRANCH/ZHAO

001 5. 65906699 MRWEI

001 6. TL/1200/15OCT99/BJS187

002 7. RMK AK JNBSA RJ82WX

001 8. BJS187

＞PN

001 BJS187 4085 0937 14OCT99

002 SWI1G 9999 0938 14OCT99

003 SWI1G 9999 0648 15OCT99

004 SWI1G 9999 0726 15OCT99

【说明】

由于旅客尚未出票，目前座位已订妥，可以通知旅客来出票。现在暂时将该信件放回信箱中。

＞QD：

BJS187 SCHEDULE CHG（0002）

1. 王文芳 NGBYR

2. CA985 Y SA16OCT PEKSHA TK1 1400 1600 S

3. BJS/T PEK/T 010-65906694/DLC HUAXUN INTL AIR TRANS CO. PEK BRANCH/ZHAO ZHI

RONG

4. T

5. RMK CA/JE97X

6. FN/FCNY900.00/SCNY900.00/C3.00/ACNY900.00

7. TN/781-6050868106/P1

8. FP/CASH,CNY

9. BJS187

【说明】

➤ QD 后，该项内容被保留在信箱中。

➤ 该项内容会放在末尾以待处理。

➤ QD 后，下一个信箱的内容显示在屏幕上，且未处理的 Q 的数量不变。

➤ 若输出内容为 NO PNR，是因为处理不及时，旅客的订座记录已过期，系统已将过期记录清除。这种情况，工作人员需做 QN 指令，及时将其从系统中释放。

➤ 如果该部门的信箱为空的（没有下一个信件可显示），则此时输出信息为：＞Q EMPTY

这时可以 QDE 结束当前信箱处理。

活动五　信件释放

QN 指令可将所提的信件内容释放，让下一封信件显示出来。
指令格式：
＞QN：
实例操作：
从系统中释放当前的信件，并且提取下一个信件。

＞QT：BJS187
QT BJS187
GQ 0000 0200 RP 0001 0200 KK 0091 0200 RE 0000 0200
SR 0020 0200 TC 0013 0200 TL 0038 0200 SC 0003 0200
＞QS：SC
BJS187 SCHEDULE CHG（0002）
1. 王文芳 NGBYR
2. CA985 Y SA16OCT PEKSHA TK1 1400 1600 S
3. BJS/T PEK/T 010-65906694/DLC HUAXUN INTL AIR TRANS CO. PEK BRANCH/ZHAO ZHI
　RONG
4. T
5. RMK CA/JE97X
6. FN/FCNY900.00/SCNY900.00/C3.00/ACNY900.00
7. TN/781-6050868106/P1
8. FP/CASH，CNY
9. BJS187

【说明】
➢ 开始处理信件后，括号中未处理的信件的数量为 2；
➢ 在屏幕上显示的是下一封信件的内容，座位状态是"TK"，但 PNR 中存在票号项，说明已经出过票，再查看 RTC。
现在进行处理：

＞RTC
01 PEKCA 9983 0753 15OCT99 /4
01 1. 王文芳(001) NGBYR
004 2. CA985 Y SA16OCT PEKSHA TK1 1400 1600 S
RR(004) DR(004) RR(004) TK(006)

01 3. BJS/T PEK/T 010-65906694/DLC HUAXUN INTL AIR TRANS CO. PEK BRANCH/ZHAO

ZHI RONG 4. T

01 5. RMK CA/JE97X

01 6. FN/FCNY900.00/SCNY900.00/C3.00/ACNY900.00

01 7. TN/781-6050868106/P1

01 8. FP/CASH,CNY

01 9. BJS187

＞PN

001 BJS187 18233 0157 15OCT99 I -

002 HDQCA 9983 0157 15OCT99 /RLC1

001/003 FC/PEK MU SHA 900.00YB CNY900.00END

003 PEK1E 9986 0157 15OCT99

001/004 MU584 Y FR15OCT99PEKSHA XX1 1825 2010

RR(001) DR(001) RR(001) XX(004)

004 BJS187 18233 0330 15OCT99

005 HDQCA 9983 0330 15OCT99 /RLC4

004/006 CA985 Y SA16OCT PEKSHA UN1 1245 1445 S

RR(004) DR(004) RR(004) UN(006)

006 PEKCA 9983 0753 15OCT99 /4

【说明】

➢ 可以注意到,航班起飞时间发生变化,应通知旅客;

➢ 应将行动代码改为"RR"。

＞RT:NGBYR

1. 王文芳 NGBYR

2. CA985 Y SA16OCT PEKSHA TK1 1400 1600 S

3. BJS/T PEK/T 010-65906694/DLC HUAXUN INTL AIR TRANS CO. PEK BRANCH/ZHAO ZHI

RONG

4. T

5. RMK CA/JE97X

6. FN/FCNY900.00/SCNY900.00/C3.00/ACNY900.00

7. TN/781-6050868106/P1

8. FP/CASH,CNY

9. BJS187

＞2RR

@

CHECK BLINK CODE

＞@K

CA 985 Y SA16OCT PEKSHA RR1 1400 1600

NGBYR

【说明】

➢ 做过航班更改的 PNR 中会有闪动的"S"，@K 会改变行动代码。

"TK" → "HK" → "RR"

➢ 通知旅客航班时间的变动。行动代码改成 RR 后，将这个信件从系统中释放。

＞QN

BJS187 SCHEDULE CHG（0001）

1. BAI/ZHENXIU 2. CAO/SHOUMENG M3HP2

3. NW015 B MO08NOV HNLKIX HK2 0915 1405 +1 ＊NW＊

4. BJS/T PEK/T 010-65906694/DLC HUAXUN INTL AIR TRANS CO. PEK BRANCH/ZHAO ZHI

RONG ABCDEFG

5. 65906698

6. TL/1200/06NOV/BJS187

7. RMK AK HDQNW LX648Q

8. BJS187

【说明】

➢ QN 后，未处理信件数将减少一个。

➢ 如果中间穿插了其他工作，如航班查询。再返回处理信件时，屏幕上已找不到原信件的内容，这时可以做：

＞QR

BJS187 SCHEDULE CHG(0001)

1. BAI/ZHENXIU 2. CAO/SHOUMENG M3HP2

3. NW015 B MO08NOV HNLKIX HK2 0915 1405 +1 ＊NW＊

4. BJS/T PEK/T 010-65906694/DLC HUAXUN INTL AIR TRANS CO. PEK BRANCH/ZHAO ZHI

RONG ABCDEFG

5. 65906698

6. TL/1200/06NOV/BJS187

7. RMK AK HDQNW LX648Q

8. BJS187

······

如此进行下去,处理完最后一个信件:

＞QNE 或 ＞QDE

【说明】

使用 QN 与 QD 的区别如下:

QN 后,信件内容从信箱中清除,且无法再找回来。工作人员应确认处理完后再做 QN。

➤ 每做一次 QN,未处理的信件数量便会减少一个。

➤ 输出内容若为 NO PNR,是因为处理不及时,旅客的订座记录已过期,系统已将过期记录清除。这种情况,工作人员需做 QN 指令,及时将其从系统中释放。

➤ 处理完信箱中最后一封信件后,QN 时会出 Q EMPTY,此时要做 QN:E 结束当前的信箱处理。

➤ QN 与 QD 的区别在于,QD 是将信箱送回信箱中,以待处理,而 QN 是将所提的信件从信箱中删掉。信箱处理的过程中,QD、QN 可以根据具体情况交替使用。

● QD 显示下一个 Q 将当前的 Q 放回信箱中,以待处理;

● QN 显示下一个 Q 将当前的 Q 从信箱中删除。

活动六　重新显示当前 QUEUE

在处理 QUEUE 的过程中,有时可能会插入其他的工作,之后再继续处理 QUEUE 时,屏幕上可能会看不到正在处理的 QUEUE 的内容了,这时,可以使用 QR 指令来重新显示当前正在处理的 QUEUE。

指令格式:

＞**QR:**

【格式说明】

重新显示当前处理的 QUEUE。

活动七　转移 QUEUE

通过 QC 指令将当前处理的 QUEUE 转移到另外一个种类的 QUEUE 中去,这个 QUEUE 可以是本 OFFICE 的,也可以是其他 OFFICE 的。

指令格式:

＞**QC:QUEUE 种类/OFFICE 号/P/E**

【格式说明】

将当前处理的 QUEUE 转移到指定 OFFICE 的指定 QUEUE 种类中。

QUEUE 种类:指定转移到的 QUEUE 种类。

OFFICE 号:转移到的 OFFICE 号,可省略,省略为本 OFFICE。

E:终止 QUEUE 处理标识,可选项,不写为转移当前 QUEUE 后,继续处理下一个 QUEUE。

例:

输入:＞QC:GQ

【说明】

将当前处理的 QUEUE 转移到本 OFFICE 的 GQ QUEUE 中,并处理下一个 QUEUE。

活动八 退出 Q 处理

指令格式：
＞QNE 或 ＞QDE
结束信箱处理。

活动九 发送信息到指定 QUEUE 中 QE

一、发送自由文本

指令格式：
＞QE：信箱种类/OFFICE
文本内容
【格式说明】
文本内容为自由文本。

二、发送旅客订座记录

指令格式：
QE：信息种类/OFFICE/记录编号
例：＞QE：TL/D5TTS3/BJS187
【说明】
将记录编号为 D5TTS3 的记录发送到 BJS187 的 TL QUEUE 中。

案 例 情 景

旅客陈先生是一位年长的旅客,他计划前往北京探亲。由于健康原因,他需要在机场和登机过程中申请轮椅服务(WCHR)。在购买机票时,他特别向客票销售人员李琳提出了他需要轮椅服务的要求,并确保该服务会被提前申请。

然而,当陈先生到达机场值机柜台时,柜台值机工作人员告诉他并没有关于轮椅服务的申请。这让陈先生感到困惑和不满,因为他在购票时已经明确提出了轮椅服务的需求,并确保了客票销售人员的理解。经过柜台值机工作人员查看系统,发现陈先生在购票时的申请确实包含了轮椅服务的需求,但航空公司并没有同意,而是拒绝了这一申请。工作人员向陈先生解释了这个情况,表示了诚挚的歉意,并当场努力安排了轮椅服务。尽管工作人员现场安排了轮椅服务,但陈先生仍对客票销售人员感到非常失望。他认为这是客票销售人员工作中的失误,没有将申请结果告知他,他便默认为申请成功,导致他在机场遭遇了不必要的困扰,因此,他对客票销售人员李琳的专业水平和服务质量提出了投诉。

案例分析

　　Q信箱在民航订座系统中扮演着信息传递、沟通和协调的关键角色。通过自动分类和分发信件,系统能够确保信息的准确性和及时性,从而提升航空公司和代理人之间的合作效率,为旅客提供更好的航班预订和服务体验。该案例突显了信息沟通的重要性,以及Q信箱在航空公司内部沟通中的作用。案例中客票销售人员李琳将陈先生的轮椅服务申请信息通过Q信箱发送给相应的部门后,还应及时查阅相关信件并将申请结果及时告知陈先生,方便陈先生提前做好其他准备。同时,该案例也提醒了客票销售人员在工作中要高度负责,严谨细致,以确保服务质量和客户满意度。

任务实施

请结合本部门信箱中的信箱种类进行处理。

任务评价

请评价人员根据表6-2对上述任务实施情况进行评价。

任务实施评价表　　　　　　　　　　　　　　表6-2

评价标准	分值	自评(20%)	互评(20%)	师评(60%)
能熟练地查看Q信箱	20			
能熟练地判断需要处理的Q信箱种类和数量	30			
能熟练地对处理Q信箱中的信息	30			
能熟练地退出Q信箱	20			
合计	100			
总评				

项目总结

　　(1)本项目学习了Q信箱的意义和种类,掌握了Q信箱的查看方法和处理流程。
　　(2)Q信箱中的信件要及时查看和处理,避免出现因处理不及时而让旅客的行程受到影响。

项目综合练习

一、选择题

1. 查看本部分信箱显示的指令是(　　)。
   A. QT　　　　B. QA　　　　C. QD　　　　D. QN
2. 特殊服务电报的 PNR 信箱种类是(　　)。
   A. KK　　　　B. SR　　　　C. SSR　　　　D. SC
3. 有机票更改(更改票号)的 PNR 信箱种类是(　　)。
   A. TC　　　　B. TL　　　　C. CT　　　　D. KK
4. 有航班变更通知的 PNR 信箱种类是(　　)。
   A. CS　　　　B. SC　　　　C. TC　　　　D. KK
5. 有旅客重复订座的 PNR 信箱种类是(　　)。
   A. SC　　　　B. KK　　　　C. TC　　　　D. RE
6. 有出票时限需要出票的 PNR 信箱种类是(　　)。
   A. TC　　　　B. TL　　　　C. LT　　　　D. CT
7. 有段座位状态修改回复的 PNR 信箱种类是(　　)。
   A. TL　　　　B. SR　　　　C. KK　　　　D. SC
8. 查看当前处理工作涉及的下一个 Q 内容的指令是(　　)。
   A. QT　　　　B. QN　　　　C. QD　　　　D. QS
9. 释放当前报文并查看下一个 Q 内容的指令是(　　)。
   A. QT　　　　B. QN　　　　C. QD　　　　D. QS
10. 退出 Q 信箱的指令是(　　)。
    A. QDE　　　　B. QDT　　　　C. QSE　　　　D. QE

二、判断题

1. 使用 QT 指令可以查看本部门的信箱信件情况。　　　　(　　)
2. 使用 QS:KK 指令可以查看特殊服务回复情况。　　　　(　　)
3. 使用 QS:RE 指令可以查看旅客重复订座的 PNR。　　　　(　　)
4. QD 指令和 QN 指令功能相同。　　　　(　　)
5. 结束信箱处理的指令可以使用 QDE 或 QNE。　　　　(　　)

三、实操练习题

1. 在系统中查看本部门信箱的种类有哪些?
2. 在系统中提取 SR 信箱的信息并且进行处理。
3. 在系统中提取 TL 信箱的信息并且进行处理。
4. 在系统中提取 SC 信箱的信息并且进行处理。
5. 在系统中操作 QD 和 QN 指令,并对比两者的区别。

四、综合题

1. 工作人员通过 QT 指令查看本部门的 Q 信箱，显示如下：

```
＞QT
QT SHA999
GQ 0000   0200      RP 0000   0200     KK 0018   0200      RE 0000   0200
SR 0000   0200      TC 0000   0200     TL 0000   0200      SC 0000   0200
```

（1）以上 Q 信箱中，哪种类型的信箱中有待处理的信件？信件数量是多少？对应的信箱最大容量是多大？

（2）简述处理该类型信箱的主要工作流程。

2. 通过查看 TL 信箱，开始 Q 信箱处理：

```
＞QS TL
SHA999 TIM-LIM TKT(0005)
1. 陈芳 HVZ2BQ
2. MU5105   Y   FR10FEB   SHAPEK HK1   1000   1230   E-T2
3. SHA/T/SHA/T 021-87363443
4. 87363443
5. TL/1200/6FEB23/SHA999
6. OSI MU CTCT87363443
7. RMK CA/NJHYZB
SHA999
```

解释该 PNR 中 Q 信箱内容，该如何处理？

附录一　常见出错信息提示汇总

ACTION:行动代码不正确
AIRLINE:航空公司代码不正确
CHECK CONTINUITY:检查航段的连续性,使用@I,或增加地面运输航段
CONTACT ELEMENT MISSING:缺少联系组,将旅客的联系电话输入到 PNR 中
DATE:输入的日期不正确
ELE NBR:序号不正确
FLT NUMBER:航班号不正确
FORMAT:输入格式不正确
ILLEGAL:不合法
INFANT:缺少婴儿标识
INVALID CHAR:存在非法字符,或终端参数设置有误
MAX TIME FOR EOT-IGNORE PNR AND RESTART:建立了航段组,但未封口的时间超过 5min,这时系统内部已经做了 IG,将座位还原,工作人员应做 IG,并重新建立 PNR
NAME LENGTH:姓名超长或姓氏少于两个字符
NAMES:PNR 中缺少姓名项
NO DISPLAY:没有显示
NO NAME CHANGE FOR MU/Y:某航空公司不允许修改姓名
NO QUEUE:说明该部门此类信箱不存在
OFFICE:部门代号不正确
PENDING:表示有未完成的旅客订座 PNR,在退号前必须完成或放弃它
PLEASE SIGN IN FIRST:请先输入工作号,再进行查询
PLS INPUT FULL TICKET NUMBER:输入完整的票号、航空公司代码及十位票号
PLS NM1XXXX/XXXXXX:姓名中应加斜线(/),或斜线数量不正确
PROFILE PENDING:表示未处理完成旅客的订座,PSS:ALL 处理
PROT SET:工作号密码输入错误
Q TYPE:所要发送到的信箱的种类在目的部门中没有定义
Q EMPTY:信箱中此类信箱为空的,已处理完成,没有需要处理的内容
QUE PENDING:表示未处理完信箱中的 QUEUE,QDE 或 QNE
RL:记录编号不存在
SCH NBR:航线序号不符
SEATS:订座数与 PNR 中姓名数不一致,可 RT 检查当前的 PNR
SEGMENT:航段
SIMULTANEOUS MODIFICATION-REENTER MODIFICATION:类似的修改,IG,并重新输入当前的修改

TICKET PRINTER IN USE:表示未退出打票机的控制,退出后即可

TIME:输入时间不正确

UNABLE:不能

USER GRP:工作号级别输入错误

WORKING Q:表示工作人员正在对某一种信箱进行处理,未处理完时,不能再处理另外一种 Q;这时若要结束原来的处理,可以做 QDE 或 QNE,然后再做 QS:××

附录二　eTerm 系统指令索引

一、登录

1. 进入系统 > ＄＄ OPEN TIPC3
2. 输入工作号 > SI：工作号/密码/级别
3. 查看 PID 和工作号状态 > DA：
4. 临时退出工作号 > AO：
5. 进入工作区 > AI：工作区/工作号/密码
6. 修改密码 > AN：旧密码/新密码
7. 退出系统 > SO
8. 随时查看 > SIGN-IN 信息 SIIF：
9. 指令使用帮助 > HELP：指令
10. 屏幕向上一页 > PB
11. 屏幕向下一页 > PN
12. 清屏指令 > CP
13. 重复显示当前页 > PG
14. 全屏显示当前页 > PG1

二、查询

1. 航班座位可利用显示 > AV：H/城市对/日期/时间/航空公司代码
2. 最早有座位航班查询 > FV：城市对/日期/起飞时间/座位数/航空公司/经停标志/舱位
3. 航班飞行周期的查询 > SK：城市对/日期/时间/航空公司代码/舱位
4. 航班经停点和起降时间的显示指令 > FF：航班号/日期
5. 指定日期的航段上的航班详细信息显示 > DSG：C/航班号/座位等级/日期/航段或 RT 之后，> DSG：航班序号
6. 查询城市三字代码 > CNTZ：T/BEIJING
7. 查询城市名称 > CD PEK
8. 查询一个国家所有城市 > CNTZ：A/CN
9. 查询国家全称 > CNTZ：C/CN
10. 查询国家两字码 > CNTD：Z/CHINA
11. 查询航空公司信息 > CNTZ：D/CA
12. 查询航空公司两字代码 > CNTZ：M/AIR CHINA
13. 四则运算 > CO（102＋201）＊2/3
14. 计算北京和巴黎的时差 > CO：T/PEKCDG 或 TIME：PEKCDG

15. 显示所有静态信息的目录 > YI
16. 显示不含副标题的公告 > YI 标题

三、建立 PNR

（一）航段预订

1. 直接建立航段组
 > SS CA1557/F/21OCT/PEKSHANN1/1225 1400
2. 间接建立航段组
 > AV PEKSHA/10OCT
 > SD 1Y1
3. OPEN 航段的建立 > SN：CZ/Y/SHAPEK
4. ARNK 段的建立 > SA HGHSHA
5. 旅客行程提示 > SA MU5505Y1DEC SHACTU HK
6. 调整航段顺序 > CS 2/1

（二）姓名输入 NM

1. 英文姓名的输入 > NM 1ZHANG/SAN1LI/SI
2. 同姓旅客英文名的输入 > NM 2ZHANG/SAN/SI
3. 中文姓名的输入 > NM 1 张三 1 李四
4. 无人陪伴儿童姓名输入 > NM1 张小宝（UM6）
5. 带一个婴儿的成人输入姓名 > NM 1 张三 XN IN/张晓晓 INF（AUG23）/P1
6. 建立一个团名为 SCAC 的 15 人的团体 PNR > GN 15SCAC

（三）联系方式

> CT/021-66668888
> OSI：航空公司代码 CTCM 电话号码/旅客序号（旅客联系方式）
> OSI：航空公司代码 CTCT 电话号码（非旅客联系方式）

（四）出票时限

> TK TL/1200/08AUG/SHA001

（五）手工票号输入

> TK：T/781-2203752149/P1

（六）证件信息输入

SSR
国内旅客 > SSR FOID CZ HK/NI 证件号码/Pn

（七）国内票价信息的手工输入

FN/FC/FI/FP 或者用 PAT：A 自动生成 FN/FC/FFP 项

(八)签注信息组

> EI：自由格式文本

(九)旅游代码组

> TC(一般按照航空公司要求输入)

(十)打票预览

> TKTV：打票机序号

(十一)客票打印

ETDZ

打印 PNR 中所有人的客票 > ETDZ：1

仅打印第一个成人所携带的婴儿客票 > ETDZ：1，INF

仅打印第一个成人的客票 > ETDZ：1，ADL

四、特殊服务 SSR

1. 查看航班座位图 ADM > ADM：航段序号/航段
2. 进行机上座位预订 ASR > ASR：航段序号/座位号
3. 其他特殊服务的申请 > SSR 特殊服务代码航空公司 NN 数量

五、PNR 提取和修改

(一)PNR 提取

1. 记录编号提取 PNR > RT 记录编号
2. 根据旅客名单提取 PNR > RT 旅客姓名/航班号/日期
3. 提取完整 PNR > RT C/记录编号
4. 提取 PNR 的历史部分 > RT U1
5. 返回到 PNR 的现行部分 > RT A
6. 按照航班的旅客名单提取 > ML C/CA1805/10AUG > RT 序号
7. 提取本部门在该航班的所有订座记录（RR、HK、HN、HL、HX）> ML C/CA1805/10AUG
8. 提取所有团体 PNR 记录 > ML G/CA1805/9AUG
9. 提取所有订妥座位的记录 > ML B/CA1805/9AUG
10. 提取所有未证实座位的记录 > ML U/CA1805/9AUG
11. 提取所有非团体 PNR 记录 > ML NG/CA1805/9AUG

(二)记录分离

SP > SP 1/3

(三)记录修改

1. 旅客姓名修改 > 1/1 王飞

2. 删除姓名组以外的内容 >XE 序号
3. 取消 PNR >XEPNR@
4. 航段顺序调整 >CS:序号/序号
5. 占位航段合并 >ES：

(四)旅客订座记录 PNR 的封口

1. 正常封口 >@ 或 >\
2. 强制封口可以用 >@K 或 >@I 或 >@KI

六、国内公布运价的查询

1. 查询国内公布运价 FD
 >FD:城市对/日期/航空公司代码
2. 查询国内航空公司净价 NFD
 >NFD:起止城市/日期/承运人　类型　参数

参考文献

[1] 陆东.民航订座系统操作教程[M].2版.北京:中国民航出版社,2021.
[2] 霍连才,杨超,黄娜.民航电子客票销售实务[M].北京:清华大学出版社,2019.